KB252355

한국 주식
슈퍼사이클

지금, 한국을 사야 하는 결정적 이유

한국 주식 슈퍼사이클

신동국 지음

매일경제신문사

모두 부자가 될 수 있는,
한국 주식에 올라탈 때가 되다

이 책은 과거 기성세대가 부동산으로 부를 이뤘듯, 이제 한국 주식시장에서 새로운 기회를 찾고자 하는 사람들을 위한 책이다. 3,000포인트가 한계처럼 여겨지던 한국 주가지수가 5,000포인트, 6,000포인트를 넘어 8,000~10,000포인트까지 오를 수 있는 여지를 찾아보려는 책이다.

한국은 부동산 공화국이다. 강남이라는 브랜드를 중심으로 불패 신화가 이어지고 있다. 한정된 공급, 과시적 소비 심리, 언론과 정부의 정책이 만들어낸 합작품이다. 그러나 실상은 조금씩 달라지고 있다. 서울은 20주 연속 상승이라지만, 이상하게 내 집은 제자리다. 내가 사고 싶은 집은 저만치 올라 손이 닿지 않고, 내가 살 수 있는 집은 오히려 가격이 떨어진다.

이제 우리는 자산 시장의 큰 전환점을 맞이하고 있다. 이제 더 이상 아파트는 모두의 투자 대상으로 적합하지 않다. 대한민국은 2024년 기준 약 2,400만 세대다. 서울 450만, 경기도 600만 세대이며, 1인 가구만 전국적으로 1,000만 세대에 이른다. 하지만 사람들이 꿈꾸는 강남 중심의 서울 아파트는 200만 채도 되지 않는 고가 주택들이다. 일부 지역의 가격이 오르더라도, 그 이익은 소수의 보유자에게만 돌아간다. 그렇게 부동산은 더 이상 '부의 사다리'가 아니라, '양극화의 사다리'가 되어버렸다.

과거에는 전세가율이 높고, 부동산 가격이 안정적으로 오르던 시기였다. 그때는 레버리지(Leverage)를 활용한 투자가 일반적이었다. 가격 수준의 차이는 있었지만, 다음과 같은 부의 공식이 통했다. 가격이 100이라면 전세가가 80, 투자자가 20을 보태 매입했다. 2년 뒤 전세가가 100을 넘으면 부채를 상환할 수 있었다. 금리는 높아도 이자만 감당하면 됐다. 아파트는 투자 규모가 크지만 대출이 용이했고, 제도적으로 레버리지를 극대화할 수 있었다. 예를 들어 자산이 3억 원인 투자자가 대출로 5억짜리 아파트를 샀다면, 집값이 8억, 10억으로 오르며 자산이 빠르게 불었다.

하지만 지금은 다르다. 2025년 현재 집값이 올랐다고 해도, 2022년 고점을 회복하지 못한 지역이 많다. 이제 내가 살 수 있는 집은 전세가율이 80~90%지만 오르지 않는다. 반대로 사고 싶은 집은 전세가율이 30~50% 수준이라 자금이 턱없이 부족하다. 부동산 가격 상승의 실체는 강남 30만 채를 포함한 서울 190만 채가 주도하는 양극화다. '똑똑한 한 채'의 신화 속에서 소수만이 부자가 되고, 대다수는 멀어진다. 예전처럼 모두가 함께 부자가 되는 투자 시대는 이미 끝났다.

그렇다면 주식 투자를 통해 많은 사람이 부자가 될 수 있을까? 주가지수가 안정적으로 상승한다면 국민 대다수가 투자 규모에 비례한 수익을 얻을 수 있다. 즉, 주식은 국민 모두가 부자가 될 수 있는 가장 현실적인 수단이다.

한국 주식시장이 신뢰를 회복하고 주가가 상승한다면, 정보가 부족한 개인 투자자도 충분히 성과를 얻을 수 있다. 특히 주식은 '평균 투자'가 가능한 시장이다. 이는 외국인·기관·전업 투자자와 경쟁하면서도 상위 50% 수준의 성과를 실현할 수 있는 구조다. 반면, 부동산은 평균 투자가 불가능하다. 주가지수 상승을 그대로 자신의 수익으로 연결할 수 있는 시장, 그것이 주식시장이다.

이 책은 한국 주식의 상승 가능성을 데이터로 확인하고, 더 많은 사람들이 한국 주식을 통해 합리적이고 지속 가능한 투자 기회를 찾도록 돕기 위해 쓰였다. 지금은 투자 수익을 안정적으로 얻을 수 있는 전환점이다. 독자들이 한국 주식을 평균 투자 전략으로 접근해 10년 뒤 부자가 되는 미래를 함께 그려보기 바란다.

결국 관건은 하나다. 한국 주가가 과연 오를 수 있을까? 한국 주식도 과거의 부동산처럼 투자자들에게 수익을 줄 수 있을까? 주가 상승은 어떤 조건에서 가능한가? 코스피도 미국의 S&P500처럼 장기적 상승을 이룰 수 있을까?

우리, 한국과 한국인은 이런 특징이 있다. 똑똑한 사람들이 다양한 생각을 하지만, 마치 모두가 비슷한 생각을 하는 것처럼 언론과 SNS는 몰고 간다. 대학은 서울대만이 존재하고, 전공은 의대뿐이다. 문과는 전공과 관계없이 로스쿨을 가야 한다. 고교 평준화를 주장하면서도 내 아이는 특목고에 보내야 마음이 놓인다.

반면, 자기 자신에 대해서는 지나치게 인색하다. 우리가 가진 자산과 기회를 과소평가하고, 스스로의 가치를 낮게 본다. 어쩌면 이런 국민성이 우리를 부지런하게 만들었고, 오늘의 부를 이룬 원동력일 것이다. 하지만 같은 이유로, 우리 모두의 삶이 고단한 이유이기도 하다.

이러한 국민적 인식은 주식시장에서도 그대로 드러난다. 우리는 기업의 내재가치보다 외국의 평가를 더 신뢰하고, 국내 시장을 저평가하는 경향이 깊이 자리 잡았다. 그러나 그 배경에는 이유가 있다. 오랫동안 불투명한 지배구조와 불공정 거래, 주가조작, 대주주 전횡 등으로 시장 신뢰가 훼손되어 왔기 때문이다. 소액 투자자들은 주주로서 정당한 권리를 보장받지 못했고, 정보 비대칭 속에서 기관과 대주주의 전횡에 수없이 노출되었다. 그 결과 개인들은 손실보다 '불신'을 먼저 학습하며 시장을 떠나야 했다.

그러나 이제 한국 주식의 미래는 다른 길로 들어서고 있다. 상법 개정을 비롯한 제도적 변화와 인프라 정비를 통해, 주식시장의 건전화와 건전한 투자 질서를 구축하려는 움직임이 본격화되고 있다. 소액주주가 정당한 주주로 인정받고, 기업이 제 가치를 평가받는 시장으로의 전환점이 다가오고 있다. 대주주의 전횡을 막고, 주가조작을 엄단하는 것에서 변화는 시작된다.

2025년 대한민국에는 새로운 정부가 들어섰다. 이재명 대통령은 주가 5,000포인트 시대를 공언하며, 한국 주식시장이 그 수준까지 충분히 상승할 여력이 있다고 밝혔다. 2025년 5월만 해도 코스피는 2,600선에 머물렀다. 당시 코스피200의 PBR(주가순자산비율)은 0.8배, 코스피 전체는 0.9배에 불과했다. 선진국 평균 3.5배, 신흥국 평균 1.8배와 비교하면 현저히 낮은 수준이었다. 미국의 4.8배, 대만의 2.6배는 욕심이라 치자. 영국과 프랑스의 1.9배도 과하다고 하자. 그러나 태국 1.6배, 중국 1.5배 수준[1]으로만 '키 맞추기'를 해도 코스피는 5,000포인트에 닿을 수 있다. 그 시기 한국 상장기업의 시가총액은 장부상의 순자산가치에도 미치지 못했다. 말 그대로 '저평가의 극단'에 머물렀던 시기였다.

그러나 반년이 지난 지금, 시장은 빠르게 달라졌다. 기업의 이익이 늘고 자본이 확충되면서 코스피 4,000포인트는 이제 PBR 약 1.2배 수준에 자리하고 있다. 짧은 시간 동안 밸류에이션은 정상화되었고, 지수의 상승은 단순한 유동성 효과가 아니라 기업 가치가 제자리를 찾아가는 과정이다.

더구나 대주주의 전횡과 불투명한 회계 관행으로 저평가되어 있던 한국 상장기업들의 가치가 정상화된다면, 8,000포인트도 결코 먼 이야기가 아니다. 남의 나라 얘기도, 뜬구름 잡는 소리도 아니다.

외국계 투자기관들도 한국 시장의 미래를 긍정적으로 바라보고 있다. 기업 지배구조 개선과 자사주 소각 확대가 기업 체질을 강화하고, 낮은 PBR의 정상화를 이끌 것으로 예상한다. 만년 저평가받던 한국 주식시장이 이제 글로벌 시장에서 주목받는 자산으로 부상하고 있다. 주식이 자산 중에서도 본연의 가치를 발휘할 시간이 시작된 것이다. 과거 기성세대가 부동산에서 경험했던 기회를, 이제 우리 국민이 한국 주식시장에서 경험하게 되기를 바란다.

주가지수가 오를 수밖에 없는 구조적 요인도 있다. 인플레이션과 법정화폐의 가치 하락은 주가 상승의 중요한 배경이다. 세계 주요국은 경기 회복을 위해 막대한 유동성을 공급하고 있고, 그 결과 자산 가격의 재평가가 불가피하다. 화폐 가치가 떨어지면 자산의 명목 가치는 오를 수밖에 없다. 주식도 예외가 아니다. 물론 명목 지수가 오르더라도 실질 지수로 보면 상승 폭은 제한적일 수 있다. 그러나 한 가지는 분명하다. 주가지수 상승과 화폐 가치 하락은 언제나 함께 움직인다.

앞으로도 예·적금이 안전자산이고, 한국 주식이 위험 자산이라고 믿으며 예·적금 위주로 자산을 관리한다면, 미래의 경제생활은 안전하지 않을 것이다. 이제는 예·적금이 아니라 한국 주식이 안전자산이라고 감히 표현해본다.

PART 1.
부의 대이동, 한국 주식 깨어나다

PART 2.
한국 주식 투자 실행 전략

PART 3.
고질적 악재가 풀리기 시작한 한국 주식시장

PART 4.
반복된 역사에서 배우는 투자 교훈

PART 1

부의 대이동, 한국 주식 깨어나다

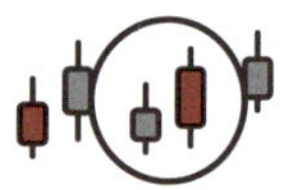

부동산 공화국의 종말과 한국 주식 슈퍼사이클의 개막

부동산 공화국의 퇴장, 주식 시대의 개막

대한민국 경제는 저성장 국면에 접어들고, 인플레이션은 여전히 확산되고 있다. 고비용 사회도 본격화되면서, 월급은 좀처럼 오르지 않고 생활비는 감당하기에 벅차다. 이제 투자는 선택이 아닌, 생존을 위한 필수가 되었다. 그렇다면 지금 우리가 투자할 수 있는 자산은 무엇일까? 경제 전반을 살펴보면, 부동산(아파트), 주식, 그리고 암호 자산 정도다.

2025년 초까지 한국에서 대표적인 투자 자산은 단연 부동산이었다. 기성세대는 평균적으로 부동산을 통해 자산을 늘렸다. 물론 지역에 따라 편차는 있었지만, 전체적으로는 부동산이 수익의 원천이었다. 주식으로 돈을 번 사람도 있었겠지만, 대부분은 주식을 대표적인 자산 증식 수단으로 여기지 않았다.

그러나 이제 세상이 바뀌었다. 과거의 부동산 중심 자산 증식 구조가 점차 균열을 보이고 있다. 물론 강남 3구의 30만 채 아파트를 보유한 이들은 앞으로도 일정 부분 가격 상승의 혜택을 누릴 수 있을 것이다. 입지와 브랜드가 결합된 희소한 자산의 프리미엄은 여전히 강력하다. 필자 역시 강남 아파트의 가격 상승 가능성은 여전히 유효하다고 본다. 그러나 다주택 보유자를 고려하면 강남 아파트는 30만 채도 되지 않으며, 실제로 새로운 수요가 진입할 수 있는 기회는 극히 제한적이다.

지금도 많은 아파트들이 여전히 투자 대상으로 보이는가? 필자는 아파트의 미래를 명품 가방 시장에 비유하고 싶다. 샤넬과 에르메스 같은 일부 브랜드는 시간이 지나도 오히려 가격이 오른다. 줄을 서서라도 사려는 사람이 있다. 그러나 이름 없는 브랜드의 가방은 반값 세일을 해도 찾는 이가 없다. 아파트도 마찬가지다. 소수의 입지 좋은 단지만 '프리미엄'을 유지할 뿐, 대부분의 아파트는 실수요 중심의 생활재로 변해가고 있다. 2050년에도 지금의 가격으로 구매할 수 있는 '주거용' 아파트는 충분히 존재할 것이다.

부동산은 여전히 필요한 자산이지만, 더 이상 대부분의 국민에게 수익을 안겨주는 '보편적 자산'은 아니다. 자산의 중심이 서서히 이동하고 있다. 이제 부동산에서 주식으로, '거주'의 자산에서 '투자'의 자산으로 시대의 초점이 바뀌고 있다.

3,000을 넘어서: 반짝이 아닌 체질의 변화

이 변화는 이미 시장에서 감지되고 있다. 2025년 조기 대선을 앞두고 한국의 주가지수는 2,500포인트 아래로 떨어지며 바닥을 다지고 있었다. 경기 둔화와 정치적 불확실성이 맞물리며 투자 심리는 극도로 위축된 상태였다.

그러나 조기 대선을 기점으로 시장의 분위기가 달라졌다. 시장은 빠르게 반등해 6월에 3,000포인트를 넘어섰지만, 당시만 해도 많은 개인 투자자들은 이를 단기 반등에 불과한 '일시적 현상'으로 여겼다. 그동안 증시가 투자자에게 안겨준 불신이 쉽게 사라지지 않았기 때문이다.

그런데 그 무렵, 해외에서 오랜만에 한국 주식시장에 대한 긍정적인 평가가 나왔다. 2025년 7월, 글로벌 투자 리서치 기관 모닝스타(Morningstar)는 한국 증시를 앞으로 가장 주목받을 시장으로 꼽았다. 보고서는 기업 수익성 개선과 저평가 해소, 배당 확대를 근거로 연평균 약 12% 상승을 예상하며, 2년 안에 5,000포인트 달성 가능성을 제시했다.[1] 이는 단순한 낙관론이 아니라, 구조적인 변화에 기반한 전망이었다. 필자는 큰 틀에서 그 의견에 전적으로 동의한다.

이러한 긍정적인 전망은 단순한 낙관론으로 끝나지 않았다. 실제로 시장은 상승세를 이어가며 2025년 10월에는 4,100포인트를 돌파했다. 이제 한국 증시의 상승을 더 이상 '일시적 반등'으로 보기는 어렵다.

▶ 성장을 지탱하는 두 기둥: 펀더멘털과 신뢰 ◀

한국 주식시장이 수익을 주는 보편적 자산으로 자리 잡기 위해서는 두 가지 조건이 충족되어야 한다. 바로 자산의 펀더멘털과 투자자의 신뢰다. 무엇보다 자산의 펀더멘털이 탄탄해야 한다. 펀더멘털이 약한 자산 가격의 상승은 일시적인 버블에 불과하다. 많은 사람의 관심이 몰리면 단기적으로는 상승할 수 있다. 하지만 결국 내재가치 수준으로 되돌아가 하락하게 된다. 수많은 테마주가 이 사실을 증명해왔다.

그렇다면 '주식의 펀더멘털'이란 무엇이며, 일반 투자자는 이를 스스로 분석하고 평가할 수 있을까? 이론적으로는 가능하지만, 현실은 다르다. 펀더멘털을 평가하고 분석하기 이전에, 해당 주식이 진정으로 투자할 만한 가치를 갖추고 있어야 한다. 그러나 대부분의 일반 투자자는 투자 시점에 그 가치를 정확히 파악하기 어렵다. 시간이 지나 투자 성과가 드러나야 비로소 펀더멘털을 알게 되는 경우가 많다.

이 점이 투자를 어렵게 만든다. 공부를 통해 어느 정도 대비할 수는 있지만, 투자에서 펀더멘털을 명확히 파악하는 일은 공부만으로는 극복하기 어렵다. 이 한계를 인정하는 것이 오히려 투자자로서의 시작점일 수 있다. 펀더멘털은 분명 중요한 요소다. 하지만 현실에서 일반 투자자가 이를 완벽히 이해하고 판단하기는 쉽지 않다. 무리하게 스스로 분석하려 애쓰기보다는, 펀더멘털에 대한 평가를 내가 직접 하는 것이 아니라는 점을 인정하는 것이 현명하다. 결국, 펀더멘털은 중요하지만, 개인이 판단하기에는 어렵다는 사실을 받아들여야 한다.

▶ 무너진 신뢰, 외면받은 한국 시장 ◀

투자에서 펀더멘털보다 더 중요한 것은 투자자의 신뢰다. 아무리 펀더멘털이 튼튼해도 신뢰가 없다면, 그 자산은 투자 대상으로 적합하지 않다. 수익도 기대하기 어렵다. 한국 주식이 그랬다.

한국 경제는 세계 10대 규모이며, 가장 견실하게 성장한 국가다. 그러나 경제 성장의 주역인 상장회사에 투자한 개인 투자자들은 별다른 성과를 얻지 못했다. 반복적인 투자 손실과 끊이지 않는 대주

그림 1-1 | 연령대별 주식 소유자 수 증감

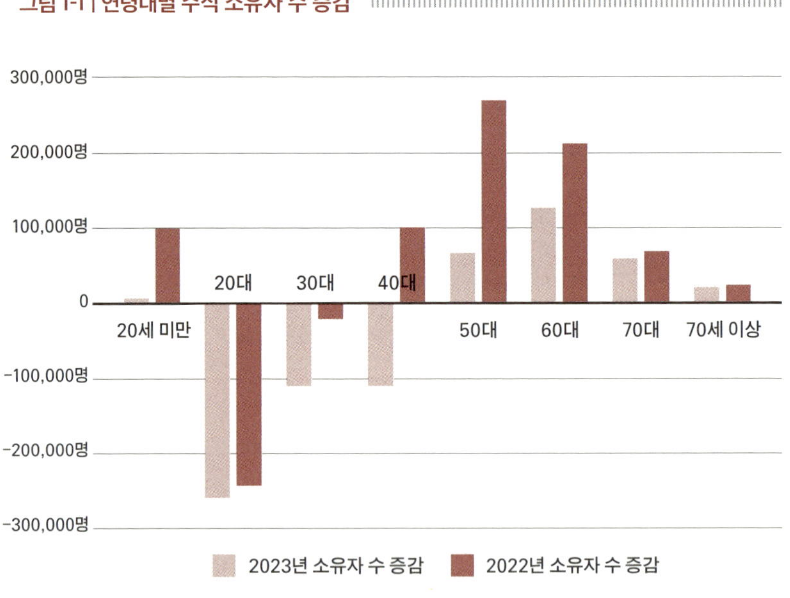

주 관련 부정 뉴스는 결국 2024년, 많은 한국 투자자들을 '서학개미'로 만들었다. 그들은 국내 주식시장을 떠나 미국 시장으로 이동했다. 종종 들리는 주가조작 사건은 국내 시장에 대한 신뢰를 더 무너뜨렸다.

이런 신뢰 부재는 과거 실제 투자자 구성의 변화에서도 뚜렷하게 확인된다. 한국예탁결제원에 따르면, 2023년 12월 기준 국내 주식 투자자는 1,416만 명으로 전년 대비 1.7% 감소했다. 삼성전자 주주는 521만 명으로, 무려 18%나 줄었다.[2] 인구 대비 주주 비중은 서울이 36.9%로 가장 높았다. 연령별로 보면, 2030세대인 MZ세대의 투자자 수는 줄어든 반면, 5060세대는 투자자 수가 상대적으로 증가했다.

특히 인베스팅닷컴이 2024년 3월 보도한 기사에 따르면, MZ세대의 국내 주식 투자자는 2022년에 이어 2023년에도 각각 약 20만 명씩 감소한 것으로 나타났다. 반면 50~60대는 꾸준히 늘고 있다. 이 같은 변화의 배경에는 MZ세대의 암호 자산 및 미국 주식으로의 투자 이동, 그리고 인구 고령화 등의 요인이 복합적으로 작용한 것으로 보인다. 분명한 시사점은, MZ세대의 한국 주식 투자 비중이 뚜렷하게 감소하고 있다는 사실이다. 이에 대한 구체적인 수치는 그림 1-1을 통해 확인할 수 있다.

생각해보자. 한국의 주식 투자자들이 대주주들을 신뢰하고 있었나? 정부의 주식시장 정책을 신뢰하고 있었나? 외국인 투자자들이 자산 배분을 넘어 한국의 주식에 대한 신뢰가 있었을까? 상장사가 수익을 내도 일반 주주에게 이익을 환원하기보다는 대주주의 이익이 먼저였다. 정부 정책 역시 철저히 부동산 중심이었고, 주식은 투기 자산처럼 취급받았다. 정부 관료나 경제학자들의 자산 구성과 발언도 다르지 않았다. 언제나 부동산 중심이었다.

국민들도 부동산이 많은 관료는 욕하면서도 부러워했다. 반면, 주식을 가진 사람은 '투기꾼'으로 여겼다. 이 점을 부인하기 어렵다. 한마디로, 한국은 주식 투자에 적합한 환경이 아니었다. 전 국민이 주식으로 부자가 될 기반은 애초부터 부족했다.

그런데 2025년 중요한 기조가 바뀌기 시작했다. 상법 개정과 정부의 주식시장 우대 정책은 이제 새로운 방향을 제시하고 있다. 주가지수가 4,000포인트 수준까지 올랐지만, 투자자들은 여전히 이 상승을 믿지 못한다. 당연히, 신뢰에는 시간이 필요하다. 그러나 시장의 움직임은 투자자의 심리가 아니라 자산의 본질에서 출발한다. 주가는 지금도 의심 속에서 상승하고 있다.

한·미·일 35년: 같은 시장, 전혀 다른 결말

그렇다면 지금의 변화는 과거와 어떻게 다른가? 주식시장의 펀더멘털과 신뢰가 회복되고 있다면, 이는 단순한 단기 반등이 아니라 '역사적 전환점'일 가능성이 있다. 그 근거를 살펴보기 위해 지난 35년간의 한·미·일 주식시장을 비교하고 앞으로의 35년간의 주가 흐름

그림 1-2 | 1980년대 이후 미국 주가의 안정적 상승

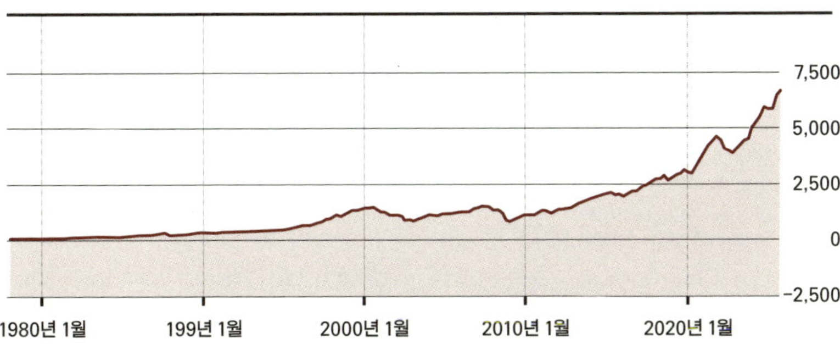

그림 1-3 | 1950년대 이후 일본 주가의 등락

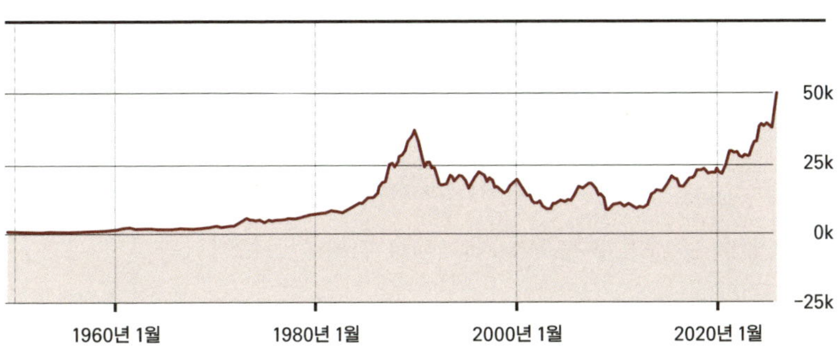

그림 1-4 | 1980년대 이후 한국 주가의 흐름

을 상상해보자.

1990년 1월 1일 미국의 대표적 주가지수인 S&P500은 334.90포인트이다. 2025년 6,900포인트를 넘었다. 35년 동안 20배 이상 상승하며, 세계에서 가장 안정적이고 지속적인 성장세를 보여준 대표적 지수다.

일본의 닛케이225(NIKKEI225)는 1989년 10월 1일 36,664.58엔이었고 1990년 1월 1일은 34,961.39엔으로 하락했다. (닛케이225는 구성 종목의 가격을 단순 합산한 지수이기 때문에, 단위가 화폐 단위인 '엔'으로 표시된다.) 2025년 현재 닛케이225는 50,000엔을 상회하며 거래 중이다. 참고로 2012년에는 1만 엔 미만에서 거래되었으며, 이후 아베노믹스의 영향으로 큰 폭의 상승세를 보였다.

한국의 주가지수는 어떤가? 1989년 3월 31일 장중에 1,000포인트를 넘었던 주가지수는 1990년 1월 1일 868.69포인트였다. 2025년 4월 9일 2,293.20포인트까지 하락했었고 10월에는 4,000포인트 수준을 보이고 있다.

1990년에서 2025년까지 35년간 일본의 주식시장은 30% 수준의 상승이다. 한국은 주가지수가 4.08배 수준으로 300% 수준 상승했다. 미국은 같은 기간에 20.05배가 되었으니 1,900% 이상의 상승률을 보였다. 주요국 주가지수는 결코 비슷하게 움직이지 않았다. 그리고 앞으로도 다른 움직임을 보일 것이다.

크립토의 진실: 코인은 분위기로 번다

비트코인을 중심으로 하는 암호 자산 시장은 어떤가? 비트코인이 펀더멘털이 있나? 정부는 세입과 세출을 통해 국가를 운영하고, 기업은 매출과 이익으로 존립한다. 하지만 비트코인은 자체적인 영업, 매출, 이익이 없다. 회사의 경영진에 비유될 운영자조차 없다. 즉, 비트코인 자체로는 펀더멘털이 없지만, 사용자들의 '활용 가치'는 존재한다. 투자자들이 비트코인에 대해 인지하고, 신뢰를 부여하며, 이를 소유하고자 하는 수요가 곧 활용 가치다.

2008년, 정부가 발행하는 법정화폐에 대한 신뢰가 흔들리자, 온라인상에서는 정부 대신 개인 간의 신뢰를 기반으로 한 새로운 화폐 실험이 시작되었다. 그 결과 등장한 것이 정해진 수량의 비트코인을 활용하려는 움직임이었다. 이러한 시도는 당시 정부의 대규모 유동성 공급 확대 정책과 맞물리며 빠르게 인지도를 넓혔다.

2025년 현재 논의가 활발한 스테이블코인은 민간이 직접 화폐를 발행하는 구조로, 결국 금융시장에 새로운 유동성을 공급하는 역할을 한다. 이는 비트코인이 처음 제시했던 '탈중앙화된 화폐 실험'이라는 초기 취지를 오히려 강화하고 있다.

기관 투자자를 중심으로 비트코인 현물 ETF에 대한 투자가 늘고 있고, 마이크로스트래티지를 포함한 많은 기업이 회사 자산에 비트코인을 편입하고 있다. 미국 정부를 비롯한 각국 정부가 전략 자산으로 비트코인을 보유하겠다고 나서는 시기도 머지않아 보인다. 연기금과 대학기금의 투자가 확대되고, 글로벌 투자은행들은 고객 포트폴리오에 비트코인 관련 상품을 포함시키고 있다.

이처럼 암호 자산의 가치는 사용자, 투자자, 그리고 네트워크 참여자 간의 '신뢰'에서 출발한다. 미국은 정부 부채가 37조 달러를 넘는 상황에서 감세 법안과 스테이블코인 관련 법안을 통과시키며 암호 자산을 제도권 안으로 끌어들이고 있다. 그러나 그 확산은 정부의 통화정책과 법정화폐의 가치에 직접적인 영향을 미칠 수밖에 없다.

결국 암호 자산은 유용하지만 본질적으로 '보완적 자산'이다. 정부 정책, 투자 심리, 유동성에 크게 의존하기 때문이다. 시장의 중심은 여전히 펀더멘털이 존재하는 기업과 주식시장이다. 개인 투자자는 암호 자산의 성장 가능성을 인정하되, 전체 자산의 일부로 접근하는 것이 바람직하다. 정부와 법정화폐에 대한 불신을 '헷지(위험 분산)'하려는 목적에 한정해야 한다. 포트폴리오 내 비중은 전체 자산의 5~10% 수준이면 충분하다.

한국 주식 비중을 늘려라

이제 한국 투자자들의 자산 포트폴리오는 바뀌어야 한다. 전체적으로 보면 고령층의 자산은 85% 이상이 부동산에 쏠려 있으며, 부동자금이 수백조 원에 이른다고 하지만 일반 가계의 순자산은 실질적으로 '집 한 채'가 전부다. 부채 규모와 금융자산의 규모가 비슷하다.

2025년 시장의 변화는 이러한 세대의 자산 구조에 근본적인 변화를 요구하고 있다. 투자자들은 지금부터 발 빠르게 포트폴리오를 재편해야 한다. 향후 30년간은 부동산 비중을 줄이고 주식 자산의 비중을 높여야 한다. 더 이상 개인에게 부동산은 안정적인 자산이고, 주식은 대주주만을 배불리는 자산이 아니다. 앞으로 개인 자산의 주요 성장 동력은 주식에서 나온다.

자산 포트폴리오를 조정하기 위해서는 앞으로의 자산 축적이 주식 중심으로 이뤄져야 한다. 자산을 보유한 50~60대는 일부를 주식으로 전환해 노후 생활의 안정성을 높여야 하고, 자산을 형성해야 하는 20~30대는 부동산이 아니라 주식을 중심으로 포트폴리오를 짜야 한다. 앞서 참고한 기사에 따르면, 50~60대의 주식 투자자는 늘고 있는 반면 20~30대는 감소하고 있다. 이는 암호 자산이나 미국 주식으로 자금이 이동한 영향으로 보인다.

그러나 20~40대 투자자들은 한국 주식 투자에 더 적극적으로 나설 필요가 있다. 특히 상대적으로 고평가되어 있고 양도 차익에 대해 세금까지 부과되는 미국 주식시장보다는, 저평가되어 있으며 세금 부담도 없는 한국 주식시장에 눈을 돌려야 한다. 동시에 펀더멘털이 아닌 수급에 좌우되는 암호 자산에 대한 투자 비중은 조정할 필요가 있다.

안전자산에 대한 새로운 시각

부동산과 미국 주식뿐만 아니라 예·적금도 점차 주식으로 전환해야 한다. 우리는 이미 인플레이션을 충분히 경험했다. 과거를 돌아보면, 장기적으로는 위험 자산에 투자한 것이 예·적금보다 결과적으로 유리했다. 앞으로도 각국 정부는 유동성을 공급할 가능성이 크고, 스테이블코인은 민간이 화폐를 발행하는 효과를 낳고 있다. 그런데 은퇴 자산의 80% 이상이 소위 '안전자산'에 묶여 있는 것이 현실이다.

물론 퇴직연금을 '위험 자산'에 투자한다는 말에 쉽게 동의하기 어렵다. 그러나 금융시장에서 말하는 '안정적', '원금보장형'이 과연 진짜 안전한 자산인지 독자들은 생각할 필요가 있다. 인플레이션이 불가피하다면, 명목 금액만 유지되는 법정화폐 자산이 과연 안전한가? 실질 가치가 계속 하락하는 자산을 안전하다고 부를 수 있는가? 그럼에도 그런 포트폴리오를 적절하다고 할 수 있을까?

사고의 전환이 필요한 시점이다. 서문에서도 밝혔듯 필자는 예·적금, 채권이 안전자산이 아니고 한국 주식이 안전자산이리고 감히 주장한다. 그러나 이를 받아들이고 행동으로 옮기기에는 시간이 필요해 보인다. 한국 주식시장에 대하여 미국이 35년간 경험했듯이 한국도 35년간 경험할 새로운 시장이고 세상이니 자산포트폴리오 전환에 적극적으로 대응을 주문하는 것으로 일단락하자.

우리나라 퇴직연금의 운용 현황을 보면 '안정성'이라는 이름 아래 지나치게 보수적으로 설계되어 있다는 인상을 지울 수 없다. 현재 연금 수익률은 4~5% 수준에 머물고 있으며, 특히 확정급여형(Defined Benefit, DB)은 90% 이상이 원리금 보장 형태로 운용되고 있다. 퇴직연금 가입자들 역시 62.8%가 '안정적인 운용'을 원한다고 응답했다.[3] 퇴직금을 운용하는 기업이나 수령을 앞둔 퇴직자의 입장에서 손실에 대한 두려움이 큰 만큼, 이러한 선택은 충분히 이해할 만하다.

그러나 지금처럼 유동성이 지속적으로 공급되는 환경에서는 법정화폐의 실질 가치가 하락할 가능성이 매우 높다. 결국 연금을 수령하는 시점이 되면, 자산의 실질 가치는 지금 기대하는 수준보다 훨씬 낮아질 수밖에 없다. 명목상 '안정적'으로 보이는 자산이 오히려 불안정한 결과를 가져올 수 있다는 점이 가장 안타까운 대목이다.

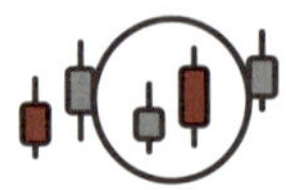

버블의 정점에 선 미국,
가치의 초입에 선 한국

과열된 미국 증시, 영원할 수 있을까?

동학개미, 서학개미라는 표현은 이제 우리 사회에서 낯설지 않다. 현재 미국 시장은 여전히 투자자들의 신뢰를 받고 있다. 누구나 펀더멘털에 비해 고평가되었다고 말하지만, 문제는 마땅한 대안이 없다는 데 있다.

특히 한국 투자자들의 입장에서 보면, 2024년 한 해 동안 신뢰를 잃은 한국 주식을 피하고 미국 주식을 선택하는 것은 자연스러운 흐름이었다. 그러나 '멀리서 보면 희극, 가까이서 보면 비극'이라는 말처럼, 지금의 상황은 곱씹어볼 만하다. 미국 주식시장의 주가순자산비율(Price-to-Book Ratio, PBR)은 5.55배, 한국은 1.32배에 불과하다.[4] 장부 가치 산정 방식에 따라 차이는 있겠지만, 장부 가치 대비 5배가 넘는 PBR로 거래되는 미국 시장에만 몰려드는 한국 투자자의 선택은 어쩌면 비극일지도 모른다.

이제 저성장이 고착화되며 성장성과 수익성 모두 주의가 필요하다. 경제성장은 없지만 내가 투자한 종목의 성장성은 예외라는 믿음은 자칫 비극의 출발이 될 수 있다. 독과점 구조가 굳어진 금융 시장에서, 상장회사의 배당 수익이 주가 상승보다 더 안정적이고 나은 수익원이 될 수 있다는 점도 다시 고려해야 할 시점이다.

우리가 잘 알다시피 미국은 고평가의 대표적인 사례다. 앞서 지적했듯 PBR은 5배를 넘고, 주가수익비율(Price to Earnings Ratio, PER) 수준 역시 매우 높다. S&P500의 선행 PER은 22.2배에 달하며, 과거 40년 평균이 15.8배, 최근 10년 평균도 18.6배 수준이나 된다. 반면 한국 시장의 PER은 10.7배에 그친다. 많은 이들은 '앞으로 미국 시장의 성장률이 더 확대되고 수익이 증가한다면, 지금의 고평가도 정당화될 수 있지 않겠느냐'라고 말한다. 실제로 주가는 현재가 아니라 미래의 꿈을 반영한다는 말처럼, PER보다 주가꿈비율(Price Dream Ratio, PDR)이 더 중요하다는 주장도 있다.

그러나 자국의 이익을 노골적으로 앞세우는 미국의 정책 환경에서 이런 낙관이 과연 지속 가능할지는 다시 생각할 문제다. 명분과 절차를 무시한 채 트럼프식 즉흥적 의사 결정과 무례한 태도가 반복되는 상황에서, '미국만을 위한 선순환'이 이어질 것이라는 가정은 억지에 가깝고 지나치게 무리한 낙관으로 보인다.

빅테크의 딜레마: 성장으로 버블을 이길 수 있을까?

미국의 AI·빅테크 기업들은 이미 버블 논란을 피하기 어려운 수준에 와 있다. 테슬라의 선행 PER은 130배에 달하고, 시가총액 상위 10개 기업은 1990년대 IT 버블 당시 상위 기업들보다 훨씬 더 높은 수준으로 고평가되어 있다.[5] 이는 버블의 반복일지, 아니면 기업의 실질 성장으로 그 고평가를 정당화할 수 있을지 여전히 판단하기 어려운 지점이다.

문제는 이 거품 논란이 단순히 특정 기업의 밸류에이션에 그치지 않는다는 점이다. 유동성이 풍부한 경제에서 갈 곳 잃은 돈들이 미

표 1-1 | 미국 빅테크 기업의 평가 현황(2025년 5월 기준)

기업명	PER	PBR	ROE	시가총액
마이크로소프트	32.9배	10.1배	33.6%	3.24조 달러
애플	33.3배	45.9배	138%	3.07조 달러
엔비디아	38.5배	35.2배	119.2%	2.79조 달러
아마존	31.0배	6.6배	25.2%	2.02조 달러
알파벳 A	18.3배	5.8배	34.8%	2조 달러
메타	22.4배	8.1배	39.8%	1.5조 달러
테슬라	151.3배	12.4배	8.8%	9,251억 달러
팔란티어	591.7배	58.6배	10.9%	2,933억 달러

국 주식에서 빠져나와도, 다음 행선지를 찾기 어렵다. 미국 주식이 고평가라는 점은 누구나 인정하지만, 대체 투자처가 뚜렷하지 않다는 인식이 팽배하다. 한국 주식이 그 대안이 될 수 있다고 보지만, 이런 이야기를 꺼내면 대화가 금세 끊기곤 한다. 과거 고평가 논란이 불거졌던 시기에도 지금과 크게 다르지 않았다.

현재 한국 시장은 심각한 저평가 상태다. 반면 미국 빅테크 종목들은 PBR이 수십 배에 달하고, PER 역시 30배를 넘어 심지어 500배가 넘게 거래되기도 한다.[6]

37조 달러의 그림자: 부채가 부르는 금리

미국을 바라볼 때는 단순한 주가지수의 움직임보다, 그 이면에 있는 정부 재정과 기술 잠재력의 방향을 먼저 살펴야 한다. 미국은 이미 37조 달러의 정부 부채를 안고 있으며, 이는 GDP 대비 122%로 사실상 부도에 가까운 수준이다. 이제는 무한정 부채를 발행하기 어려운 상황 속에서, 미국 정부는 스테이블코인 허용을 통해 새로운 형태의 국채 수요를 유도하고 있다.

그러나 이는 단지 부채를 늘리는 또 다른 방식일 뿐이다. 이자 부담은 여전히 막대하고, 기존 부채는 줄어들 기미조차 없다. 결국 미국이 금리 인하에 그토록 '진심'인 이유도 여기에 있다.

하지만 금리를 낮추는 것만으로는 경제의 체질을 바꿀 수 없다.

미국이 부채로 시간을 버는 동안, 기술 패권은 이미 다른 곳으로 이동하고 있다. 중장기적으로 경제의 방향을 결정짓는 요소는 결국 기술 잠재력이다. 그러나 현재 산업 경쟁력의 상당 부분은 미국이 아닌 중국이 쥐고 있다. 첨단 과학 분야 논문의 절대다수가 중국에서 나오고 있으며, 젊은 세대의 진로 선택에서도 차이가 뚜렷하다. 한국이 의대로 쏠린다면, 중국은 공대를 선택한다. 공대 졸업생의 처우가 의대보다 3~4배 높다는 점은 시장이 기술 인재를 얼마나 중시하는지를 보여준다.

이 같은 배경 속에서 중국은 이미 첨단 기술 경쟁력뿐만 아니라 기초과학의 패권까지 확보했다. 네이처 인덱스에 따르면 세계 상위 10개 연구 기관 중 미국은 1곳, 독일이 1곳이며 나머지 8곳이 모두

그림 1-5 | 2024년 기관별 연구 기여도 상위 10위

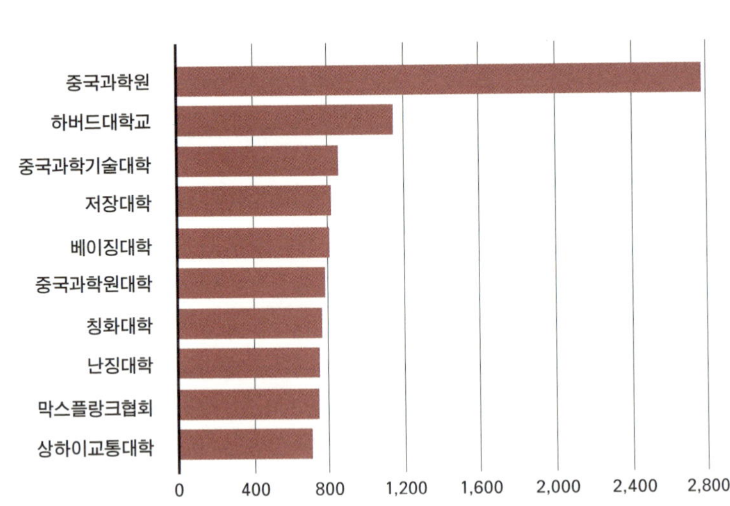

중국에 있다. 시간이 흐르면 기초과학의 우위는 자연스럽게 첨단 기술로 이어지게 된다.

미국의 각종 지표가 흔들리고 있다

트럼프가 관세를 언급한 이후, 미국 시장에서는 개인 투자자를 중심으로 매수세가 형성되고 있으며, 기관 투자자들은 관망세를 유지하고 있다. 이 흐름은 단순한 투자 행태의 변화가 아니라, 시장의 신뢰 구조가 미묘하게 흔들리고 있음을 보여준다. 많은 이들이 여전히 미국 기업의 경쟁력은 신뢰하지만, 미국 정부에 대해서는 점점 의구심을 품는 듯하다. 지금의 미국은 과거에 쌓아온 신뢰와 지위 덕분에 그나마 균형을 유지하고 있을 뿐이다. 그러나 신뢰를 쌓는 데에는 수십 년이 걸리지만, 무너지는 것은 단 몇 년, 아니 한순간일 수도 있다.

여기서 독자들에게 묻고 싶다. 미국과 관련된 뉴스를 접하며 여러분은 미국에 대한 신뢰가 더 깊어지고 있는가? 아니면 조금씩 그 신뢰가 약해지고 있지는 않은가? 그리고 만약 어떤 계기가 주어진다면, 미국이라는 국가에 대한 신뢰가 한순간에 무너질 수도 있다고 생각하지는 않는가?

가장 대표적인 경제지표인 미국의 금리가 높은 이유를, 일반적으로는 미국 경제가 견조하고 물가 상승률이 높기 때문이라고 설명한다. 하지만 장기채 금리가 높은 데에는, 조금씩 낮아지고 있는 '미국에 대한 신뢰'도 반영되어 있다고 보아야 한다. 남유럽 국가들의 국채 금리가 높은 이유는 명확하다. 국가 자체에 대한 신뢰가 낮기 때문이다.

미국도 예외는 아니다. 경기에 대한 기대감도 있겠지만, 미국 정부의 지속 가능성에 대한 불신이 점점 금리에 녹아들고 있다. 미국 행정부는 감세 정책을 통해 소비를 자극하려 한다. 소비가 늘면 경제가 살아나고, 결과적으로 세수도 확대된다는 논리다. 트럼프 1기 시절의 주장이다.

하지만 현실은 달랐다. 재정적자는 더 확대되었고, 세수는 늘지 않았다. 그리고 이제는 감세 정책에 관세 정책까지 병행한다. 관세는 세수 확대에는 도움이 되겠지만, 그 대가는 분명하다. 물가 상승이다. 정도의 차이와 시기의 문제일 뿐, 인플레이션은 피하기 어렵다. 그렇다면 묻지 않을 수 없다. 과연 미국 국민들은 자국 경제에 대한 신뢰를 계속 유지할 수 있을까?

2025년, 트럼프가 다시 백악관에 돌아오자, 세계는 또다시 그의 한마디에 흔들리고 있다. 관세와 무역을 둘러싼 혼란도 여전하다. 몇 년 전과 똑같은 장면이 반복되고 있다. 하지만 지금도 여전히 미국에 대한 신뢰는 굳건할까? 아니면 이번엔 돌아서서, 미국을 향해 욕하고 있지는 않을까?

그렇다면 지금의 미국 주식을 안심하고 장기 투자할 수 있을까? 현재의 미국 시장은 오히려 단기 매매 중심의 불안정한 국면으로 보인다. 물론 이야기를 미국 정부가 아닌 개별 기업의 관점에서 본다면 다르다. 주요 기업들은 이미 독과점적 지위를 확고히 하고 있으며, 중국과의 기술 패권 경쟁이 지속되는 한 그 시간은 예상보다 더 길어질 수도 있다.

하지만 지금 우리가 진짜로 고민해야 할 질문은 이것이다. 미국 기업들이 첨단 기술과 기초과학에서, 과연 중국을 견제하고 앞서 나갈 수 있을까? AI, 전자제품, 자동차 산업 등 지금처럼 미국 중심의 시장 구도가 앞으로도 유지될 수 있을까? 현재 드러나고 있는 주식 시장의 평가 지표 양극화, 이 흐름이 계속 이어질 수 있을까? 또 하나. 미국은 스테이블코인 발행을 확대하면서, 달러 패권을 더욱 공고히 하려 하고 있다. 그런데 이런 구조적 모순을 세계경제는 계속 견딜 수 있을까?

우리는 이제, 이 모든 모순과 불균형을 미국이 극복할 수 있을지 주시해야 한다. 그리고 그것이 불가능하다면, 세계 자본은 새로운 대안을 찾을 것이다. 어쩌면 그 대안의 첫 번째 후보가 바로, 저평가된 한국 시장일 수도 있다.

한국의 시간이 온다: 반값 밸류에이션의 반격

2025년 한국의 금융시장은 이 부분에서 확연히 다른 양상을 보일 것이다. 외국인을 비롯한 전문 투자자들이 점차 한국 주식의 비중을 늘리고 있으며, 이러한 흐름은 한국 시장이 일정 수준의 과열 국면에 진입할 때까지 지속될 가능성이 크다.

미국의 빅테크 기업들은 전 세계에 플랫폼을 운영하고 있다. 그 가치는 이미 주가에 반영되어 있다. 초우량주들이 보유한 현금 규모는 막대하다. 미국의 빅테크는 분명 좋은 종목이지만, 지금 가격이 매력적으로 보이지는 않는다. 반면 한국 주식은 펀더멘털에 비해 여전히 저평가되어 있다.

현재 한국 주식의 밸류에이션은 여전히 낮다. 미국과 비교할 때 한국의 PER은 절반 수준에도 미치지 못한다. 2025년 초 PER이 12.66배에서 7월 기준 14.58배로 상승했지만, 여전히 미국의 약 49% 수준이다. PBR은 같은 기간 0.84배에서 1.07배로 올랐지만 격차는 더 크다. 미국 대비 약 20% 수준에 불과하다. 배당금 비율 역시 27.2%로 주요국 가운데 최하위이며, 주주환원 정책 중 자사주 매입이나 배당 확대 여력은 충분하다. 이러한 여력은 향후 시장 리레이팅(valuation re-rating)의 가장 강력한 촉매가 될 것이다.

세계경제는 이제 각국 정부가 주도하는 독과점 구조로 움직인다. 한국 주식 중에도 글로벌 경쟁이 필요한 종목이 많고, 오히려 글로벌 시장을 적극 활용해야 하는 기업도 적지 않다. 개별 종목 차원에서는 해당 기업이 글로벌 시장에서 독점적 지위를 유지할 수 있는지가 핵심이다. 글로벌 시장에서는 각국 정부의 책임자들이 직접 나서 외교전을 펼친다. 미·중 갈등 속에서 한국은 미국 정부의 요구를 상당 부분 수용하고 있으며, 이는 공급망 재편과 첨단 기술 협력에서 한국 기업이 전략적 파트너로 부상할 수 있는 기회를 의미한다. 이러한 정책적 선택이 향후 한국 기업의 성장에 긍정적인 영향을 줄 것이라는 전제가 필요하다. 필자는 이 부분에서 한국 정부와 기업이 실용주의를 원칙으로 다른 어떤 나라보다 현명하게 대응할 것으로 본다.

투자는 돈을 벌기 위한 의사 결정 행위다. 그렇다면 높은 수익률을 기대할 수 있는 주식은 미국일까, 한국일까? 자산이 펀더멘털을 갖추고 있다는 전제하에, 가격은 의심 속에서 오르고 확신 속에서 떨어진다. 이제 한국 주식의 펀더멘털이 변하고 있다. 그 변화가 한국 주식에 좋은 성과를 가져올 것이다. 투자자들의 신뢰가 과하게 시장에 반영될 때까지, 이 상승 추세는 이어질 것이다. 이제는 그 흐름에 맞춰 대응할 시간이 시작되었다.

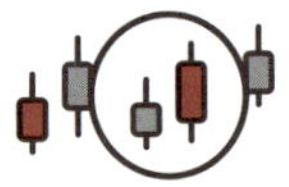

대한민국의 성장 엔진이
다시 돈다

세상의 변화와 각성하는 대한민국

산업 변화는 단순한 경기 순환이 아니다. 어떤 산업이 성장하고, 어떤 산업이 쇠퇴하는지를 보여주는 신호다. 변화를 읽는다는 것은 '유행'을 좇는 일이 아니라, 산업의 중심축이 어디로 이동하는지를 통찰하는 일이다.

대한민국 경제는 생산 중심의 시대를 지나, 소비와 경험이 이끄는 시대로 전환했다. 초과 수요의 시대는 끝났고, 이제는 생산 과잉과 수요 부족의 시대, 이른바 '풍족의 시대'가 도래했다. 소비자는 더 이상 기능과 효율만으로 제품을 선택하지 않는다. SNS의 발달은 품질보다 디자인·브랜드·경험의 영향력을 키웠고, 소비의 기준은 '가

성비'에서 '정체성'으로 옮겨가고 있다. 10만 원짜리 가방보다 1천만 원짜리 루이비통, 교외의 4억 원 아파트보다 강남의 40억 원 아파트를 선호하는 이유다. 소비는 이제 기능보다 상징과 경험의 문제다.

이 변화는 산업 구조에도 그대로 반영되고 있다. 싸게 만들어 많이 파는 제조업 중심의 성장 모델은 한계에 다다랐고, '무엇을 만들 것인가'보다 '어떤 의미를 팔 것인가'가 산업의 성패를 좌우한다. K-팝, K-드라마, 게임, 뷰티, 엔터테인먼트 산업이 단순한 소비재가 아니라 정체성과 감성을 파는 산업으로 자리 잡은 것도 이 때문이다. 이제 산업의 경쟁력은 기술력만이 아니라 브랜드·문화·경험을 결합한 종합 역량으로 확장되고 있다.

그렇다고 해서 한국의 성장 동력이 약해진 것은 아니다. 오히려 이러한 구조 전환이 새로운 성장 엔진을 만들고 있다. 소비의 변화는 산업의 방향을 바꾸고, 그 산업의 변화는 다시 정책과 기술 혁신, 인구·문화의 변화를 이끈다. 지금 대한민국의 성장 엔진은 바로 이 정책·기술·인구·문화의 네 축이 맞물리며 다시 돌아가기 시작한 것이다.

정책의 신호탄, 기업을 움직이다

이 같은 구조 전환은 정부 정책의 방향에도 반영되고 있다. 주요 재화의 가격, 금리, 소비 구조, 산업 정책 등 많은 부분이 정부의 결정에 따라 움직인다. 기후동행카드, 에너지 지원금, 세금 감면 같은 정책은 단순한 경기 부양책이 아니라 소비 구조와 산업 방향을 바꾸는 신호다.

한국 주식시장은 이런 정책 변화를 빠르게 반영한다. 재생에너지 예산 확대에는 풍력·태양광 관련주가, 국방비 증액에는 방산 관련주가 즉각 반응한다. 한국은 정책이 업종 사이클을 결정짓는 시장이다. 예전에는 경기 지표가 부진하면 주가가 하락했지만, 이제는 정부의 부양책 기대감에 주가가 오르기도 한다. 시장 참여자들은 이제 경제 지표보다 정책의 언어에 민감하게 반응한다. 정책의 방향을 읽는 사람이 산업의 미래를 먼저 읽는다.

이와 함께 구조적 요인도 한국 산업의 지형을 바꾸고 있다. 고령화와 인구 감소, 인공지능과 로봇의 발전은 산업의 형태 자체를 바꾸는 흐름이다. 산업혁명이 육체노동을 대체했다면, 디지털 전환은 지식 노동을 대체하고 있다.

AI는 사고를 모방하며 산업의 효율성을 끌어올린다. 인간의 판단과 경험을 학습해 더 빠르고 정교한 결정을 내리며, 새로운 산업 생태계를 만들고 있다. 이 흐름 속에서 반도체는 AI 시대의 원유가 되었고, 이차전지는 전기차의 심장이 되었다. 방산은 지정학적 리스크를 바탕으로 수출 주력 업종으로 떠올랐고, 고령화는 의료·바이오 산업의 확장으로 이어지며 또 하나의 성장 축을 형성하고 있다.

국가를 넘어선 기업의 힘

정책이 산업의 틀을 만든다면, 기업은 그 틀 안에서 지배 구조를 완성한다. 오늘날 세계경제에서 진정한 영향력을 가진 주체는 국가보다 기업이다. 스타벅스는 대부분의 나라에서, 구글과 아마존은 거의 모든 국가에서 활동한다. 이들은 이제 국가보다 더 익숙한 이름이다.

미국의 빅테크 기업들은 이미 대한민국 주식시장 전체 시가총액을 넘어섰고, 일부는 한 나라의 GDP보다 크다. 그들의 자본력과 현금 보유는 많은 정부보다도 견고하다. 대부분의 정부가 부채를 줄이려 애쓰는 동안, 글로벌 기업들은 막대한 현금을 보유하며 그 활용을 고민한다. 교과서 속 '은행이 저축을 받아 기업에 대출한다'라는 경제 구조는 이제 현실과 거리가 멀다.

오늘날 자금의 수요자는 개인이고, 기업은 오히려 여유 자금을 운용하는 시대다. 자본의 중심이 국가에서 기업으로 이동한 것이다. 이런 변화는 한국 시장에서도 뚜렷하다. 반도체는 삼성전자와 SK하이닉스가, 이차전지는 LG에너지솔루션·에코프로비엠·포스코그룹이, 게임·콘텐츠 산업은 네이버·카카오·크래프톤·넷마블이, 바이오는 셀트리온과 삼성바이오로직스가 이끌고 있다. 결국 중요한 것은 '어떤 산업을 선택하느냐'가 아니라 그 산업에서 누가 지배권을 쥐고 있느냐다. 산업의 흐름을 읽되, 그 위에서 지속 가능한 지배력을 가진 기업을 주목해야 한다.

대한민국의 경쟁 산업

완전경쟁을 이상으로 삼던 시장경제는 이미 옛이야기다. 이제 세계는 '공정한 경쟁'보다 '국가의 이익'을 우선한다. 관세, 보조금, 규제 완화, 각국 정부의 산업 지원이 시장 질서를 다시 짜고 있으며, 미·중 갈등은 기술 패권의 전선을 전 세계로 확장시켰다. 이 과정에서 한국 산업의 기회와 위험이 동시에 드러난다.

대한민국은 좁은 내수 시장과 제한된 자원에도 불구하고, 정책·기술·인구·문화라는 네 가지 축의 결합을 통해 구조적 경쟁력을 만들어내는 나라다. 과거의 제조 중심 국가에서, 이제는 '정책이 뒷받침하고 기술이 이끄는', 그리고 '인구·문화가 수요를 창출하는' 복합형 산업 구조로 진화하고 있다.

▶ 정책 기반 산업(방산·원자력·재생에너지) ◀

정부의 전략과 예산이 산업 성장의 직접적인 동력이다. 방위 산업은 지정학적 리스크가 상존하는 한반도 환경 속에서 수출 주력 업종으로 자리 잡았다. 우크라이나 전쟁 이후 세계 각국이 군비를 늘리며 한국 방산은 '가성비 높은 기술력'과 '빠른 납기'로 유럽·중동 시장에서 강세를 보이고 있다. 이제 방산은 단순한 무기 수출을 넘어 소프트웨어·AI·위성·무인기 기술까지 포함한 복합 방위 산업으로 확장되고 있다.

원자력 산업은 탈원전 기조가 완화되면서 다시금 재평가받고 있다. 에너지 안보가 국가 경쟁력의 핵심으로 부상하면서, 한국의 원전 기술력과 안정적 공급망이 세계 시장에서 다시 주목받는다. 특히 중동·동유럽 신규 원전 수주와 소형모듈원자로(Small Modular Reactor, SMR) 분야가 차세대 성장 동력으로 부상 중이다.

풍력·태양광 중심의 재생에너지 산업은 단순한 친환경 담론을 넘어, '기후 리스크 관리'와 '산업 자립'의 전략 산업으로 이동하고 있다. 정부의 보조금과 ESG 자본의 유입은 이 산업을 구조적으로 성장시키고 있으며, 관련 소재·부품·운영 플랫폼 기업들이 동반 성장할 토대를 마련하고 있다.

▶ 기술 기반 산업(반도체·이차전지·AI·로봇) ◀

기술은 여전히 한국 산업의 핵심 경쟁력이다. 글로벌 공급망이 재편되는 상황에서도 한국은 핵심 기술을 독자적으로 확보한 몇 안 되는 나라다. 반도체는 AI 시대의 원유라 불린다. 메모리 반도체를 넘어 AI용 고대역폭 메모리(HBM), 파운드리, 시스템 반도체까지 영역을 넓히고 있다.

이차전지는 전기차 산업의 심장이다. 한국은 셀·소재·장비를 모두 갖춘 몇 안 되는 국가로, 미국과 유럽의 친환경 정책에 맞춰 글로벌 OEM(Original Equipment Manufacturer)과 전략적 동맹을 강화하고 있다. 배터리 재활용, 소재 내재화, 전고체 배터리 같은 차세대 기술에서도 주도권 경쟁이 본격화되고 있다.

AI와 로봇 산업은 산업 전반의 효율성을 끌어올리는 '지능형 생산 혁신'의 핵심이다. AI는 금융·유통·의료·교육·공공 서비스 전반에 스며들며 새로운 부가가치를 창출하고, 로봇은 물류·서비스·돌봄 등에서 '노동 대체'에서 '노동 확장'으로 역할을 진화시키고 있다.

이 모든 기술의 기반에는 반도체와 전력 인프라, 그리고 인공지능 인프라 구축 역량이 있다. 기술 기반 산업은 한국의 수출 구조를 이끌 뿐만 아니라, 산업 전체의 생산성과 효율을 높이는 '기저 엔진'이 되고 있다.

▶ 인구·문화 기반 산업(콘텐츠·게임·바이오·헬스케어) ◀

고령화와 MZ세대의 소비 구조 변화가 새로운 산업을 만들어내고 있다. K-콘텐츠는 이제 단순한 문화 수출이 아니라, 한국의 정체성을 전 세계 시장에서 '프리미엄 브랜드'로 전환한 산업이다. 드라마·음악·영화·게임은 감정과 상징을 파는 대표적 산업으로 자리 잡았으며, 글로벌 스트리밍 플랫폼과의 협업을 통해 지속 가능한 IP 비즈니스 모델로 발전하고 있다.

게임 산업은 AI·블록체인·클라우드 기술과 결합하며 '디지털 경험 산업'의 중심으로 진화하고 있다. 온라인에서의 정체성과 감정 표현이 경제적 가치를 창출하는 시대에, 게임은 가장 강력한 문화 수출 산업으로 성장 중이다.

바이오·헬스케어 산업은 고령화와 건강 수명 연장의 수요에 맞춰 의약·진단·치료·돌봄·데이터 산업을 통합한 종합 생태계로 확장되고 있다. 특히 코로나19 이후 구축된 임상·백신·유전자 치료 역량은 한국을 글로벌 공급망의 중요한 축으로 만들었다. 이 산업군은 기술 기반 산업과 달리 인구 구조와 생활 문화에 밀접히 연결된 산업으로, 국내 내수 시장에서도 안정적인 성장 기반을 갖는다.

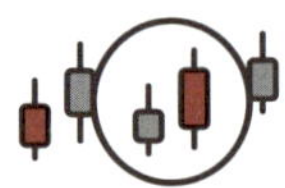

저평가의 끝,
한국 주식 정상화의 시작

주가의 절대 가치를 구할 수 있을까?

우리는 주가의 절대 가치를 산출하고 싶다. 역사적으로도 다양한 시도가 있었다. 현재까지 주가를 산출하는 모델 가운데, 개념적으로 가장 인정받는 방법이 DCF(Discounted Cash Flow) Model이다. 평가 모델이 설명하는 방법은 완벽하지만 미래의 현금 흐름인 배당은 현재 시점에서 알 수 없다. 교과서에서 배당이 동일하거나 일정한 상승을 보인다는 가정에서 계산할 수 있을 뿐이다. 더구나 미래의 현금 흐름을 현재 가치로 할인하려면 적절한 이자율인 할인율을 적용해야 하는데 당연히 할인율을 알 수 없다. 동일한 할인율을 적용하여 개념을 이해하는 수준에서 타협해야 한다.

기업의 청산 가치를 이용하여 주가를 산출할 수도 있다. 그런데 기업의 청산 가치를 산출하기도 어렵지만 기업은 지속 가능성을 전제로 하는 것이며, 투자는 미래의 가치 상승을 전제하는 것인데, 그것을 위해 청산 가치로 산출하는 것은 개념적이고 교과서적 접근일 뿐이다.

상대가격 PER, PBR의 이해

주식시장에서 실무적으로 주가의 절대 가치를 평가하기는 어렵다. 그래서 투자 판단을 위해 상대가격을 산출하고, 이를 두고 논쟁을 벌인다. 적정 주가나 종목 간의 상대적 고평가·저평가 여부를 비교하고 설명하는 데 유용한 수단이기 때문이다.

▶ 과거가 아닌 미래를 보는 PER ◀

이 지표의 출발점은 단순하다. 비슷한 기업이라면 주가와 이익의 비율도 비슷해야 한다는 접근이다. 예를 들어 다른 조건이 같다면, 한 주당 이익이 1만 원인 종목의 주가가 10만 원일 때, 한 주당 이익이 2만 원인 종목의 주가는 20만 원이 적절하다는 계산이다. 얼마나 단순하고 이해하기 쉬운가. 그래서 시장에서는 이 방식을 널리 사용한다. 주가와 이익의 비율을 PER이라고 부른다.

종목의 현재 가격 평가는 이미 실현된 주당 이익을 기준으로 하는 것이 일반적이다. 전년 말 주당 이익이 1만 원인 종목과 2만 원을 실현한 종목의 주가를 비교하는 방식이다. 겉보기에는 타당해 보이지만, 주식시장에서 투자자들이 이 지표를 사용하는 이유는 단순한 평가가 아니다. 그들은 전년의 분석 결과를 알고 싶은 것이 아니라, 미래의 추정 이익과 그에 따른 미래의 주가를 알고 싶어 한다.

예를 들어 현재 A 종목과 B 종목이 동일한 이익을 냈더라도, B 종목이 내년에 두 배의 이익을 낼 것으로 예상된다면 B 종목의 주가는 A 종목의 두 배가 되어야 한다는 논리가 성립한다. 이 말은 정확하고 논리적이다. 개념 이해도 쉽다. 그러나 문제는 '두 배의 근거'다. 결국 그것은 성장성을 전제로 한 전망일 뿐이며, 아무리 논리적이라도 불확실성이 내포된 추정일 수밖에 없다.

성장성이라는 개념에서 업종별로 서로 다른 PER을 받아들인다. 은행, 게임, 바이오 업종에 동일한 PER을 적용하지도 않고, 그렇게 기대하지도 않는다. 또한 여러 이유로 미래 수익성이 다섯 배 증가할 것으로 예상된다면, 주가가 다섯 배 상승하는 현상을 충분히 설명할 수 있다. 2025년 조선주와 방산주의 주가 상승은 바로 그 미래 수익성에 대한 기대를 반영한 사례다.

PER은 종목 간 주가를 비교하는 데 유용한 지표임은 분명하다. 그러나 이익을 어떤 기간으로 적용할지, 그리고 추정 이익을 사용할 경우 그것은 분석이 아니라 '전망 지표'로 성격이 바뀐다. 투자자 입장에서는 전문가들이 직접 주가를 전망하는 것과, 이익을 추정해 주가로 환산하는 것의 차이가 궁금할 수 있다. 또한 국가별·업종별 상황이 다양하므로 PER이 양극화되고, 편의적으로 사용되는 경우도 적지 않다. 적자 기업의 경우 실적 자료만으로는 PER을 계산할 수 없다. 다만 주가와 업종 평균 PER을 참고하면, 시장이 예상하는 미래의 주당 이익을 역으로 추정하는 것은 가능하다.

▶ 장부 가치로 본 기업의 청산가치, PBR ◀

PBR은 주가를 장부 가치(Book-value per Share, BPS)로 나눈 것이다. 청산 가치와 유사한 개념으로 이해할 수 있다. 이론적으로는 1.0배를 적정 수준으로 보기도 하고, 경영권·영업권·브랜드 가치 등을 고려해 1.5배가 적정하다고 판단하기도 한다. PBR 역시 절대적인 적정 수준을 확인하기보다는 상대적 비교에 더 유용하다. 장부 가치의 산출 방식이나 국가, 업종에 따른 차이가 불가피하기 때문에 동일 업종 간 비교 지표로 활용하는 것이 바람직하다. 기준에 따라 적정 PBR의 판단은 달라질 수 있지만, 장기간 1.0배 미만에서 주가가 형성되는 것은 정상적이지 않다.

기업의 전제는 '지속 가능성'이며, 성장과 발전을 전제로 한다. 그런데 PBR이 1.0배 미만이라는 것은 결국 시장이 그 기업을 '서서히 쇠퇴하는 회사'로 보고 있다는 뜻이다. 그런데도 우리는 PBR이 1.0배 미만인 회사를 '가치주'라고 부르기도 한다. 모순된 일이다. 특히 한국 시장에서는 대형 우량주들이 PBR 0.5배 미만 수준에서 장기간 머무는 경우가 적지 않다. 이러한 현상에 대한 이해가 필요하다.

한국과 미국 시장의 PER, PBR

통상 PER은 이자율의 역수로 이해한다. 주식 투자에 대한 기대 수익률이 은행 이자에 위험 프리미엄을 더한 개념이기 때문이다. 20세기에는 금리가 5%였던 미국의 PER이 20.0배(1/5%), 금리가 8%였던 한국의 PER이 12.5배(1/8%) 수준이었다. 금리와 PER이 역수 관계라고 단정할 수는 없지만, 최소한 반비례 관계임은 부정하기 어렵다.

금리가 낮아지면 예금이자 수익이 줄어들기 때문에, 상대적으로 리스크 프리미엄(Risk Premium)이 작더라도 주식에 투자할 유인이 커진다. 따라서 금리가 10%인 경우보다 금리가 3%인 경제에서는 PER이 더 높게 평가받는 것이 자연스럽다. 그것이 반드시 10.0배와 33.0배로 대응하지 않더라도 말이다.

그런데 대한민국 상장 주식 중에는 과거 금리가 12%였던 시절보다 PER이 낮은 종목이 여전히 많다. 이는 분명히 문제가 있다. 이 책에서는 그 이유를 '투자자들의 신뢰 부족'이라는 다소 모호한 표현으로 설명하지만, 결국 핵심은 신뢰 회복이다. 상법 개정과 정부 정책을 기반으로 투자자 신뢰가 회복된다면, 한국 주식시장은 정상화될 것이다.

PBR도 마찬가지다. 일시적으로 개별 종목에 악재가 생겨 1.0배 미만으로 떨어질 수는 있다. 그러나 구조적으로, 그리고 지속적으로 1.0배 미만에 머무는 것은 당황스러운 일이다. 대한민국 경제가 국민 대다수의 자산이 부동산에 묶여 주식에 추가로 투자할 여력이 없기 때문에 주가가 낮게 형성된다고 설명할 수 있을까? 한국 기업들의 PBR은 대주주와 경영진이 최소한의 노력을 기울여 벨류업(Value-Up) 프로그램에 참여하기만 해도 가까운 미래에 상당히 개선될 것으로 보인다.

예외적인 상황이라지만, 기업이 보유한 유동성 자산보다 시가총액이 더 작은 종목(또는 기업이 보유한 종속회사의 시가총액 합계보다 시가총액이 작은 종목)은 어떻게 받아들여야 할까? 계속기업으로서의 지속 가능성을 포기하고 그 주식을 전부 사들여 청산하는 것이 투자자 입장에서는 오히려 수익이 된다는 말이다. 시장에서 어떤 힘이 작용해 이렇게 많은 종목의 PBR을 0.5배 수준으로 묶어 두고 있는지 살펴볼 필요가 있다. 한국의 PER과 PBR은 최소한의 조치만으로도, 그리고 투자자들의 인식 전환만으로도 상당한 개선 여지가 있다. 지금의 한국 주식시장은 선진국 시장은 물론, 신흥시장에도 미치지 못하는 상황이다.[7] 심각한 저평가 상태다.

어이없는 한국 기업의 PBR 현황

한국거래소 홈페이지에서 PBR이 낮은 종목을 찾아보자. 기가 막힌다. 2025년 8월 6일 기준으로 상장 종목은 2,711개다. 이 중 PBR이 0.99배 이하로 표시되는 기업이 1,260개사다. 0.49배 이하인 기업도 527개사에 이른다. 전체의 46.4%가 1.0배 미만이고, 19.4%가 0.5배 미만이다. 주가가 낮았던 2024년 12월 말 기준으로는 각각 1,364개 사와 646개사였다.[8] 이재명 대통령이 후보 시절 M&A 및 퇴출을 언급하며 문제 삼았던 PBR 0.30배 미만 종목은 2024년 말 기준 206개사에 달했다. 기업별 사정을 감안하더라도, 이 수치는 한국 주식시장이 얼마나 저평가되어 있는지를 보여주는 뚜렷한 지표다. 2024년 말 당시의 PBR 수준은 지금보다 더욱 열악했다.

표 1-2 | 상장 기업 PBR 오름차순 정렬(2025년 8월 6일 기준)

종목명	종가	PER	BPS	PBR	순위
KC그린홀딩스	756	0.46	7,136	0.11	1
한신공영	8,490	14.32	66,856	0.13	2
롯데쇼핑	72,500	-	548,412	0.13	3
테크랩솔루션즈	1,360	-	2,490	0.15	4
금호석유화학	113,300	8.50	232,363	0.49	527
SK증권	656	-	1,319	0.50	528
키움증권	209,000	6.68	210,068	0.99	1,260
테라사이언스	654	-	657	1.00	1,261
이오플로우	1,490	-	18	82.78	2,502
알테오젠	439,500	375.00	5,134	85.61	2,503
BYC우	26,000	-	-	-	2,504
효성화재	38,900	-	-	-	2,710
흥국화재우	8,320	-	-	-	2,711

종목명	종가	PER	BPS	PBR	순위
CNH	109	–	2,748	0.04	1
한신공영	6,390	2.32	66,043	0.10	2
진방	18,440	–	166,586	0.11	3
상상인	1,471	–	12,184	0.12	4
경동인베스트	61,000	8.68	212,135	0.29	206
SK증권	656	–	1,523	0.30	207
SK이노베이션	112,000	39.87	230,169	0.49	646
KD	609	–	1,219	0.50	647
오르비텍	1,922	–	1,942	0.99	1,364
일맥	6,050	–	7,165	0.99	1,365
뷰노	24,200	–	362	66.85	2,448
알테오젠	309,500	2,795	110.73	110.73	2,449
푸른산수유	8,790	41	214.39	214.39	2,450
흥국화재우	8,000	–	–	–	2,694

　　주가가 3,296.68포인트로 사상 최고치 수준이었던 2021년 6월 30일의 상황을 보자. 그때의 PBR은 어땠을까? 2,392개 종목 중 PBR 0.49배 이하는 100개사로 4.1%였고, 0.99배 이하는 514개사로 21.4% 수준이었다. 이 수치를 감안하면, 2025년 3,200포인트 수준의 지수는 과거와 비교해도 지나치게 저평가되어 있다.

종목명	종가	PER	BPS	PBR	순위
지스마트글로벌	620	–	4,180	0.15	1
팜측	179	–	988	0.15	2
세원정공	8,090	10.64	41,536	0.19	3
한국전력	18,800	8.01	107,973	0.17	4
이마트	160,000	12.93	325,904	0.49	100
에스이케이	498	–	–	–	101
디올홀딩스	196,500	18.45	198,359	0.99	514
대명소노시즌	1,595	–	1,595	1.00	515
레인보우 로보틱스	24,500	–	501	48.90	1,290
쎌바이오텍 퓨쳐스	6,410	–	60	106.83	1,291
샘씨엔에스	6,530	41.86	61	107.05	1,292
BYC우	186,000	–	–	–	2,193
흥아해운	258	–	–	–	2,392

좋은 종목, 좋은 가격

한국 주식시장의 대표적 특징은 구조적 저평가다. 한국 주식시장은 상당 기간 구조적 저평가를 해소하는 과정을 거칠 것이다. 그리고 그 단계가 끝나면, 미국의 유사 기업들과 비교되는 시간이 찾아올 것이다.

과거의 투자는 늘 같은 구조적 문제와 한계를 안고 있었다. 내가 투자한 종목이 저평가되어 있음에도 불구하고, 그 가치가 해소되지 않았다. 왜냐하면 내가 투자한 종목보다 더 저평가된 종목이 시장에 너무 많았기 때문이다. 결국 내 종목이 오를 차례가 오지 않았던 것이다. 그렇다면 어떤 이유로 지속적인 한국 시장의 저평가 구조가 해소될 수 있을까?

개별 종목의 펀더멘털 개선도 있겠지만, 보다 중요한 것은 투자자 신뢰의 회복이다. 한국은 상법 개정을 통해 기업의 주주 우선 정책이 자리 잡을 것이다. 정부 역시 부동산 중심의 금융 구조를 주식시장으로 전환하려 노력하고 있으며, 그 노력은 성과를 낼 가능성이 크다. 이러한 변화는 주식시장에서 투자자 신뢰를 회복하는 계기가 될 것이며, 결국 투자 확대로 이어질 것이다. 주식 투자에 대한 수요도 함께 개선될 것이다. 개인 투자자들은 ISA와 IRP를 통해 적립식 투자를 늘릴 것이고, 금융기관들도 연금 자금을 중심으로 주식 편입을 확대할 것이다.

좋은 종목과 좋은 가격을 함께 고민해야 한다. 미국 주식 중에는 PER이 600배 수준에서 거래된 사례도 있다. 그것은 분명 고평가다. 좋은 종목이지만, 비싼 가격에 거래된 것이다. 문제는 시장에서 '좋은 종목'으로 보이는 종목 대부분이 이미 고평가되어 있다는 점이다. 따라서 개별 종목을 매매할 때 고평가된 종목의 경우에는 단기 매매에 한정해야 한다. 고평가 종목에 투자하는 투자자의 입장에서는, 비싸게 보이더라도 그 회사의 미래 성장성이 더 크다고 판단하기에 추가 상승을 기대하는 것이다.

그러나 역사는 우리에게 여러 번 가르쳐 주었다. 달이 차면 기운다. 투자는 고평가 종목을 피하고, 저평가 종목을 중심으로 해야 한다. 주식시장에는 종목이 많다. 굳이 불필요한 위험을 감수하며, 과도한 가격 하락의 위험을 떠안을 이유는 없다.

개별 종목에 대한 충분한 이해가 부족하다면 자산 포트폴리오는 인덱스 상품(ETF 등)을 중심으로 구성해야 한다. 물론 투자자로서 가장 조심해야 할 점이 있다. 주식은 발행 물량이 정해져 있다는 것이다. 따라서 시장에서 특정 종목에 대한 수요가 급격히 늘어나면, 펀더멘털과 관계없이 고평가될 수 있다. 아무리 고평가되어도 투자자들이 주식을 보유한 채 매도하지 않는다면, 펀더멘털과 괴리가 있어도 가격 수준은 유지될 수 있다. 일부 강남 아파트와 미국의 일부 빅테크 종목이 여기에 해당한다.

투자자에게 필요한 것은 명확하다. 좋은 종목을 좋은 가격에 매입하는 것이다. 최소한 나쁜 종목을 나쁜 가격에 사는 일은 피해야 한다. 한국 주식은 객관적으로 좋은 가격대에 있다. 그동안 '좋은 종목인가'에 대한 망설임이 있었지만, 2025년에는 좋은 종목으로 전환될 수 있는 토대가 갖춰진 해다. 한국 주식시장이 외국인 투자자들의 관심을 다시 얻고, 시장의 소외에서 벗어나 최소한의 신뢰를 회복한다면, 가치 평가의 '키 맞추기'는 자연스럽고 빠르게 이루어질 것이다.

한국 시장이 2025년부터 회복하기 시작한 신뢰의 흐름을 주시할 필요가 있다. 신뢰는 평가 지표 정상화를 위한 출발점이 될 것이다. 고평가가 아니더라도, 구조적 저평가와 지속적 저평가에 대한 인식은 분명히 바뀔 수 있다.

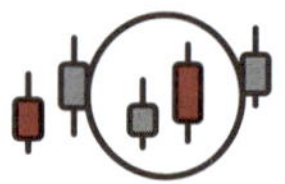

저금리의 역설,
한국 주식의 반등

금리 수준과 가격 변동폭 괴리

이제 저금리·저성장 시대지만, 자산 가격의 변동성은 오히려 커진 묘한 모순의 시대가 시작되었다. 금리는 낮아졌지만, 시장의 파도는 더 거세졌다. 전 세계적으로 기준 금리는 완만한 인하 기조를 유지할 것이며, 경제성장률 또한 높지 않다. 한국 역시 예외가 아니다. 앞으로 우리나라의 금리는 2~3% 미만 수준에서 움직일 가능성이 높다. 누구도 한국의 금리가 조만간 8~10%로 치솟을 것이라 예상하지 않는다.

그러나 자산 가격의 움직임은 전혀 다르다. −50% 하락과 +150% 상승이 몇 달, 혹은 며칠 사이에 반복되는 시대다. 주식시장만이 아니라 부동산, 원자재, 심지어 대형 우량주마저 하루에도 수십 퍼센트씩 오르내린다. 내가 사면 떨어지고, 팔면 오르는 '머피의 법칙'이 일상화된 시장이다. 이 거대한 변동성은 불안이 아니라 기회다. 위기 속에서 가격이 흔들릴 때, 그 속에서 진짜 자산이 재평가된다.

정부는 불가피하게 혹은 의도적으로 유동성을 공급할 것이다. 정부 부채의 해결, 경기 침체에서의 탈출을 위해 불가피해 보인다. 정부 주도의 경제에서 불가피하다. 나쁘다는 것이 아니다. 그냥 그렇다는 것이고 대안이 없다는 이야기다. 막연하게 짐바브웨, 베네수엘라를 이야기할 필요가 없다. 다만 튀르키예에 준하거나 그의 절반 정도의 상황은 불가피해 보인다. 정부가 발표하는 물가지수(인플레이션)는 낮을 수 있다. 그러나 생활 물가, 자산 물가는 결코 튀르키예에 뒤지지 않을 것이다. 잠깐 휴식을 취하며 튀르키예의 상황을 검색해 보길 권한다.

주가지수도 예외가 아니다. 점차 변동의 속도가 빨라지고 있다. 미국은 35년간 20배가 되었다. 일본은 최근 10년간 4배가 되었다. 이제 우리 한국도 2~3년 안에 3배가 될 수 있지 않을까? 어쩌면 5,000포인트가 아니라 8,000포인트도 3년 이내에 가능하다. 다만 인플레이션의 병행으로 가치의 상승은 가격의 상승에 훨씬 못 미칠 것이다. 그렇지만 소위 안전자산을 보유하는 것이 결코 안전하지 않다는 것을 보여주는 시대가 될 것이다.

PER, PBR의 정상화

주가지수의 상승을 숫자만 덩그러니 제시하는 것은 쉽지만 의미가 없다. 최소한의 근거를 제시해야 한다. 직관적으로 한국 주식시장의 지표가 정상화되고 글로벌 시장과 발맞추기를 하면 한국 주가지수는 꿈에 그리던 수치가 될 수 있다. 그리고 이를 위하여 몇 가지 선결 조건들이 있으니 이 책을 통해 하나씩 알아보자.

PBR이 0.5에서 1.5가 되면 주가는 세 배가 되고 상승률은 200%가 된다. PER이 6배에서 66배가 되면 주가는 11배이고 상승률은 1,000%가 된다. 지금 시장에는 PER 4배도 존재하지만 미국 시장의 경우는 600배도 존재한다.

PER은 금리의 역수가 적정하다. 과거 금리가 8%인 한국은 PER이 12배였고, 금리가 5%인 미국은 PER이 20배이었다. 주식 투자에 대한 수익의 요구는 금리 수준과 반비례한다.

한국의 금리를 연 4%로 본다면 PER은 25배가 적정하다. 이때 금리를 기준 금리가 아니라 개념적이지만 한국의 시장 금리로 보아야 한다. 필자가 보기에 한국의 기준 금리가 2%로 하락하더라도 그것은 정책의 영역이며 시장에서 적용되는 금리는 4~5%로 보인다. 대부분의 대출 이자율을 포함한 돈의 비용은 그 정도 수준이기 때문이다. 물론 배당이 확대되고 있어 배당을 감안하면 PER은 금리의 역수보다는 작아야 할 것이다. 그러나 기업의 이익에 변화가 없이 PER이 3배가 되면 주가는 3배가 된다. 3,000포인트인 주가는 9,000

포인트가 되어야 한다.

PBR 기준으로 한국 주식시장은 3,200포인트를 기준으로 1.0배를 약간 넘는다. 미국의 5.0배 수준이 되면 주가지수는 15,000포인트이며 선진국 수준인 2.0이되면 6,000포인트이다. 상법 개정으로 상장법인들의 자산평가가 현실화된다면 주가는 8,000포인트를 가야 할 것으로 보인다. 다 같이 성장하던 사회가 마무리되고 기대감의 역할이 더 커진 시장이 되었다. 자산의 가격은 현실도 중요하지만 미래의 기대감에 좌우된다. 한국 주식시장의 가능성에 대한 공감이 형성되고 신뢰가 커지는 시기가 오면 PBR 2.0배 혹은 3.0배는 남의 나라 이야기가 아닐 것이다.

모두가 아니라던 바닥을 통과

2024년 12월 초, 계엄령 발표 전후로 한국 주식시장은 역사적 바닥을 찍었다. 시장의 특징은 언제나 같다. 모두가 아니라고 말할 때가 바로 저점이다. 손익을 떠나, 많은 개인 투자자들은 실망과 두려움을 안고 한국을 떠나 미국 시장으로 향했다. ETF, 나스닥, 마이크로소프트 그 이름만이 신뢰였다. 그러나 바로 그때, 한국 주식은 조용히 반등하기 시작했다.

2025년 상반기, 한국 주식은 세계 주요 시장 중 가장 높은 상승률을 기록했다. 불신과 냉소 속에서 시작된 반등은 이제 신뢰와 자금 유입으로 이어지고 있다. 이제 시작이다. 한국 주식시장은 다시 올라탈 시점에 있다. 완벽한 매수 타이밍이 도래했다.

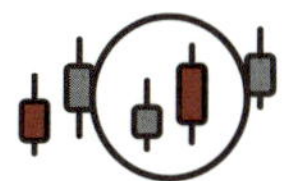

유동성 회복이 여는
상승 사이클

바닥에서 돌아선 한국 자본

2024년 말부터 2025년 초까지, 많은 이들이 한국 주식시장에 더는 희망이 없다고 여겼다. 사람들은 한국 주식을 팔고 미국 시장으로 갈아탔다. '한국은 끝났다'라는 말도 서슴지 않았다. 하지만 바로 그 절망이 반등의 신호였다.

2025년 6월, 새 정부 출범 이후 이재명 정부는 부동산에 집중된 자금을 주식시장으로 옮기려는 정책을 본격화했다. 9·7 및 10·15 부동산 대책의 핵심은 부동산을 투기 자산이 아닌 '주거 자산'으로 재정의하는 것이다. 대출 한도를 6억 원으로 제한하고, 일부 지역에 토지거래허가제를 적용한 것도 실수요자를 막기 위한 것이 아니라,

투기성 거래를 억제하고 불투명한 자금의 유입을 차단하려는 조치였다.

정책의 방향은 분명하다. '부동산으로는 돈을 벌 수 없다'라는 신호다. 정부가 부동산을 투기 수단이 아니라 생활 기반으로 규정하면서, 시중의 유동자금은 자연스럽게 새로운 투자처를 찾게 될 것이다. 그 반사효과로 자본이 주식시장으로 이동하고, 더 많은 국민이 생산적 투자로 부를 축적하게 될 것이다. 미국처럼 '자산을 통한 부의 선순환'이 한국에서도 가능해질 수 있다.

여기에 글로벌 유동성의 재개가 맞물렸다. 미국 위주로 스테이블코인 발행을 포함한 유동성 공급의 재개는 자본의 흐름이 다시금 움직이기 시작했다는 신호였다. 2008년 글로벌 금융위기 이후 시작된 장기 유동성 공급이 15년 만에 다시 불붙는 순간이다. 이번에는 단순한 경기 부양이 아니라, 구조적으로 자산 재편이 일어나는 시기다.

물론 과거와 다른 위험도 있다. 하이퍼 인플레이션에 대한 우려다. 정부가 발표하는 물가상승률은 10% 이하일지 몰라도, 생필품과 주거비는 2~3배 이상 오르는 체감 물가가 현실이다. 이런 환경에서 자산 가격의 상승은 불가피하다. 부동산, 금, 그리고 주식은 모두 인플레이션을 피하기 위한 피난처가 된다. 특히 주식은 기업의 생산성과 성장의 결실을 투자자가 함께 공유하는 자산이라는 점에서 다시 주목받게 된다.

한국 시장의 절대적 저평가가 해소되면, 외국인·국내 연기금·연금저축 등에서 본격적인 투자 확대가 이루어질 것이다. 항상 그렇듯이, 가격이 오르기 시작해야 대중은 뒤늦게 신뢰를 회복하고 시장으로 돌아온다.

미국과 중국의 힘겨루기는 단기에 끝나지 않을 것이다. 더구나 트럼프의 재집권으로 미·중 간의 협력보다는 갈등이 심화될 가능성이 높다. 그러나 이러한 불안정이 오히려 한국 시장에는 새로운 성장의 기회가 될 수 있다. 트럼프 정부의 '달러 강세 정책'은 단기적으로 글로벌 자본을 신흥국으로부터 빼앗는 요인이지만, 중장기적으로는 한국처럼 생산 기반과 기술 경쟁력이 탄탄한 시장으로의 분산을 촉진할 것이다.

필자는 이러한 변화가 단순한 경기순환이 아니라 자본의 흐름과 방향이 바뀌는 구조적 전환이라고 본다. 저PBR·저배당 구조가 적정 수준으로 정상화되고, 배당 정책이 강화되며, 기업 지배구조가 투명해지는 일련의 흐름은 결국 장기적인 상승의 동력을 형성할 것이다.

부동산 공화국에서 '주식의 시대'로

2025년 한국의 자산시장에는 근본적인 변화의 조짐이 나타났다. 2025년 이전까지만 해도 자산시장의 중심은 부동산이었다. 주식 투자는 여전히 투기와 동일시되었고, 건전한 투자 행위로 인정받지 못했다. 어쩌면 입법부나 공직자 등 정책 결정자들조차 주식 투자에 대해 부정적인 인식을 가진 태도가, 사회 전반의 시각을 그대로 반영한 결과일 것이다.

2025년 새로운 정부가 들어서고, 주식시장 5,000포인트를 제시하며, 주식시장으로 자금을 유도하려는 분위기는 이전에 없었던 중요한 변화이다. 역사적으로도 미국은 연금을 통해서 국민들이 주식을 사면서 이익의 주주환원제가 일상화된 토양이 중장기적 주가 상승의 원동력이었다. 일본도 우리가 추진 중인 것과 유사하게 상법 개정을 통하여 4만 엔대에서 1만 엔대로 하락한 주가를 4만 엔대로 회복시킨 경험이 있다. 한국 역시 같은 길 위에 서 있다.

정부의 의지가 중요한 이유는 단순히 시장에 돈을 푸는 것이 아니라, 시장에 대한 신뢰를 공급하고 제도를 통한 신호를 주는 행위이기 때문이다. 주식시장이 더 이상 일부 투기꾼의 놀이터가 아니라, 국민이 함께 자산을 늘려가는 공정하고 투명한 제도적 시장으로 자리 잡을 때, 비로소 자본이 움직인다.

필자는 여기에 더해, 피할 수 없는 대규모 유동성 공급의 시대가 이미 도래했다고 본다. 각국 정부는 인플레이션을 감수하더라도 경기 둔화를 막기 위해 통화량을 확대하고 있다. 한국 역시 그 흐름에서 예외가 아니다. 결국 돈이 풀리면 자산이 움직이고, 자산의 움직임은 다시 주식시장으로 이어진다. 완벽한 인플레이션 방어는 어렵지만, 생산성과 실적이 뒷받침되는 주식만큼 현실적인 대안은 없다.

돈의 방향이 바뀐다: 수급의 전환점

이제 자본의 방향이 실제로 바뀌고 있다. 개인 투자자들이 IRP 계좌에서 예금 대신 주식을 매입하기 시작했고, 국민연금과 각종 연기금 역시 주식 투자 비중을 확대하고 있다. 이처럼 장기 자금이 생산적 자산으로 이동하는 순간, 수급 구조는 근본적으로 달라진다. 주가 상승의 동력은 일시적인 투기 세력이 아니라 국민 전체의 투자 구조 변화에서 나온다.

생각해보면 '공급이 제한된 자산'은 비트코인만이 아니다. 기업의 실질 가치와 이익을 반영하는 우량 주식 또한 유통 주식 수가 제한되어 있다. 투자자들이 시장과 기업을 신뢰하기 시작하면, 자금은 자연스럽게 예금과 부동산에서 주식으로 옮겨 간다. 그리고 이 흐름은 단순한 자금 이동이 아니라 새로운 상승 사이클의 형성 과정이다.

현행 IRP는 위험 자산을 70%까지 담을 수 있는데 이를 100%까지 확대하자는 논의가 있다. 지금 한국 투자자들의 IRP 포트폴리오를 보면 안전자산 비중이 평균 82%에 달한다. 안정적이지만, 그만큼 수익률은 낮다. 문제는 '안정'의 의미가 더 이상 절대적이지 않다는 것이다. 법정화폐의 가치가 점점 약화되고, 스테이블코인을 비롯한 새로운 형태의 유동성이 등장하는 시대에, 단순히 원금을 지키는 것이 과연 '안전'일까?

그런데 스테이블코인을 통한 유동성 공급으로 법정화폐의 가치 하락이 불가피해 보이는 상황에서 이것이 적절한지는 고민해야 한다. 과거의 경험에서도 우리는 안전자산인 예금과 채권보다는 부동산에 투자했어야 한다. 현재의 낮은 수익률과 미래의 법정화폐 가치 하락은 우리 국민들의 IRP에서 보이고 있는 안전자산의 비율이 향후 투자자들의 짐으로 되돌아올 가능성이 크다.

이 외에도 주식 수요를 만들 요인들이 있다. 금융업에 종사하는 금융기관들은 끊임없이 금융 상품을 개발하고 출시한다. 소득의 양극화로 고소득자들은 투자 여력이 늘어나는데 본업이 바쁘니 직접투자와 함께 간접투자에 대한 수요가 증가할 것이다. 그런데 금융 상품, 간접투자의 특징은 투자자가 돈을 주면 자산을 매입해야 한다. 주식시장이 좋다며 부자들이 가입하는 금융 상품은 주식을 지속적으로 매입할 것이다. 그리고 간접투자의 특징은 상대적으로 장기투자이고 이는 주식이 잠기는 효과를 가져온다. 금융 상품이 증가하는 것은 개인들의 묻지마 투자와 크게 다르지 않다. 추가 수요이며, 무조건 산다는 의미다.

신뢰가 자본을 부른다

한국 주가지수를 견인할 중요한 요인은 정부의 정책 선회와 그로 인한 신뢰의 회복이다. 상법 개정을 비롯한 지배구조 개선은 그동안 한국 시장의 가장 큰 약점이었던 불확실성을 줄이고 있다. 대주주의 터널링, 즉 사익 편취와 감사 기능 무력화 같은 행위가 차단되면서, 경영 투명성이 높아지고 있다. 이것만으로도 투자자 신뢰가 회복되고 주가는 상승한다.

외국인 투자자들이 한국 시장을 기피하던 이유는 언제나 불투명한 경영 구조였다. 그러나 최근에는 그 흐름이 분명히 바뀌고 있다. 정책에 대한 신뢰는 곧 시장에 대한 신뢰로 이어진다. 정부가 주식 시장을 '국민 부의 축적 수단'으로 규정하고 제도적으로 뒷받침하는 순간, 자본은 움직이기 시작한다.

결국 신뢰는 유동성을 정착시킨다. 한때 불신 속에서 빠져나갔던 자본이, 이제 제도와 정책의 기반 위에서 다시 시장으로 돌아오고 있다.

유동성 공급에 따른 주가 상승이 불가피한 상황

2025년 7월 9일, 미국 의회는 정부 부채 한도를 5조 달러 확대하는 OBBBA(One Big Beautiful Bill Act) 법을 통과시켰다. 'One Big Beautiful Bill Act.' 이를 해석한다면 '하나의 크고 아름다운 법안'이라는 의미다. 다양한 감세 조치의 기한을 제한하지 않아 감세법이라 부른다지만, 필자가 보기에는 정부 부채 한도를 한 번에 5조 달러를 확대하여 당분간 정부가 셧다운되지 않을 것이라 '아름다운' 법이라 부른 듯하다.

경제 효과로는 Beautiful이 아니라 Disastrous(재앙 같은) 법안으로 보인다. 이제 미국 정부의 지속 가능성은 시간의 문제일 뿐 해결할 수 없게 되었다. 단기적으로 지니어스법(Genius Act)을 통해 스테이블코인 발행을 허용하여 일단 국채 발행은 성공할 것이다. 그러나 결국 두 가지 법안은 중앙은행이 돈을 찍어 국채를 매입하는 양적완화와 사실상 다를 것이 없다.

세수 부족과 경기 회복을 위해 돈을 푸는 우리나라의 상황도 크게 다르지 않다. 이제 경제는 경기 자체의 순환이라기보다, 정부가 어느 속도로, 얼마나 유동성을 공급하느냐에 따라 순환하는 체제로 바뀌었다. 그래서 필자는 앞으로는 경기침체가 오기 어렵다고 본다. 왜냐하면 각국 정부가 더 이상 눈치를 보지 않고 당당히 돈을 찍어낼 수 있는 시대가 되었기 때문이다.

다만 유동성 공급은 정부만의 일이 아니다. 은행의 신용 창출뿐만 아니라, 금융시장에서 레버리지를 활용한 투자 전략도 유동성 확장의 또 다른 경로다. 예를 들어, 운용자산 100억 원 규모의 펀드가 레버리지를 활용해 300억 원을 운용한다면, 추가된 200억 원이 바로 시장 유동성이다. 헤지펀드가 국채를 매입하고, 그 국채를 담보로 다시 차입해 국채를 재매입하는 행위 역시 같은 원리다. 더 나아가 기업이 발행하는 포인트·마일리지·상품권 역시 유통되는 신용이므로 일종의 유동성 공급이다. 암호 자산 또한 새로운 형태의 시장 유동성을 창출하고 있다.

결국 유동성은 다양한 경로를 통해 공급될 수밖에 없으며, 주가는 그 영향을 받을 수밖에 없다. 다만 이 책이 제시하는 주가 상승의 근거는 이러한 유동성 효과를 제외하더라도 충분하다. 유동성 공급은 주가 상승을 가속화시키는 덤에 불과하다.

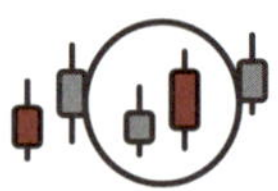

외국인 매수의 귀환,
신뢰를 회복하는 한국 증시

외국인의 시선, 한국은 지금 어떤가?

그동안 외국인들은 한국의 안정적인 경제 성장에도 불구하고, 한국 시장을 '신뢰할 수 있는 시장'으로 평가하지는 않았다. 잦은 제도 변경, 불투명한 지배구조, 대주주의 전횡 등은 외국인에게 지속적인 리스크로 인식되어 왔다. 그러나 한국이 상법 개정과 같은 주주 친화적 제도 개선을 꾸준히 추진한다면 이야기는 달라질 수 있다. 외국인 투자자가 한국 시장을 다시 바라보는 기준은 언제나 '신뢰'이기 때문이다.

신뢰의 결핍이 가장 극명하게 드러난 사건이 바로 2015년 삼성물산과 제일모직의 합병이었다. 이는 단순한 기업 결합이 아니라 한국 자본시장의 지배구조와 투명성을 시험한 사건이었다. 당시 메이슨캐피탈(Mason Capital)과 엘리엇매니지먼트(Elliott Investment Management)는 합병 비율이 대주주에게 일방적으로 유리하다며 불공정성을 제기했고, 정부와 기업을 상대로 국제중재와 손해배상 소송을 제기했다. 10년에 걸친 긴 법정 공방 끝에 2023년과 2025년 각가 배상 판결과 지급이 이루어지며 사건은 사실상 마무리되었다.[9] 이 분쟁은 한국 자본시장이 제도적 신뢰를 얼마나 확보했는지를 보여주는 상징적 장면이었다. 결국 투명한 지배구조와 일관된 정책을 확립할 때 외국인 자본은 돌아온다. 신뢰는 결국 자본을 부른다.

2025년 들어 외국계 금융기관들이 한국 증시에 대해 잇따라 긍정적인 평가를 내놓고 있다. 7월, JP모건은 '이재명 정부가 상법 개정 등 지배구조 개선에 속도를 낸다면, 코스피 지수가 2년 내 5,000포인트에 도달할 수 있다'라고 전망했다. 이는 현재 대비 약 50%의 상승 여력을 의미한다. 또한 향후 10년간 한국 증시가 연평균 11~12%의 수익률을 기록할 것이라는 낙관적 분석도 덧붙였다. 글로벌 자산운용사 피델리티 인터내셔널(Fidelity International)의 포트폴리오 매니저 이언 샘슨(Ian Samson)은 '주주 중심 개혁이 본격화되면 코스피의 PBR이 1배 수준까지 회복될 것'이라며, 올해 안에 10~20% 추가 상승이 가능하다고 평가했다. 모닝스타웰스(Morningstar Wells)의 마크 프레스컷(Mark Preskett) 선임매니저 또한 '한국 주식은 장기 수익률 측면에서 매우 매력적'이라고 밝혔다.

하지만 정부의 세제 개편안 발표 이후 시장의 분위기는 급변했다.

7월 말 정부는 양도소득세 과세 기준을 기존 50억 원에서 10억 원으로 낮추고, 증권 거래세율을 0.15%에서 0.20%로 인상하겠다고 발표했다. 배당소득 분리과세의 세율도 구간별로 상향 조정되는 방안이 포함되었다. 이에 홍콩계 증권사 CLSA는 '당근 없이 채찍만 있는 조치'라고 비판했고, 씨티은행은 세제 변화가 지수 하락을 초래할 수 있다고 경고했다. JP모건, 모건스탠리, 골드만삭스 등 글로벌 기관들도 잇따라 부정적인 보고서를 내놨다. 국내 증권사들 역시 단기적으로 주가 조정이 불가피하다고 분석했다.

이후 투자자들의 청원이 이어졌고, 여당은 일부 조항의 재검토 가능성을 시사했다. 그러나 시장에서는 이번 세제 조치의 실제 영향은 제한적일 것이라는 분석도 나온다. 세금보다 중요한 것은 시장 신뢰의 복원력이다. 이재명 대통령은 취임 100일 기자회견에서 "양도세 기준 조정은 시장에 부정적 영향을 주지 않는 방향으로 추진될 것"이라고 명확히 밝혔다.

다시 외국인이 돌아오고 있다

논란 속에서도 외국인 자금은 다시 한국으로 유입되고 있다. 2025년 8월, 운용자산 100조 원 규모의 미국계 헤지펀드 밀레니엄 매니지먼트(Millennium Management)가 약 3,500억 원 규모의 위탁 투자를 결정했다. 국내 자산운용사 빌리언폴드는 이들과 2억 5천만 달

구분	항목	2025년 5월	2025년 6월	2025년 7월	2025년 8월	2025년 9월	2025년 10월
보유 금액 (조 원)	외국인 보유 금액	740.0	854.4	912.4	895.3	1,004.2	1,239.7
	유가증권 시장	701.8	812.6	869.4	852.4	959.4	1,190.8
	코스닥 시장	38.2	41.8	43.0	42.9	44.8	48.9
시가 총액 대비 (%)	외국인 보유 금액	28.6	29.3	29.6	29.5	30.8	32.1
	유가증권 시장	31.8	32.4	32.7	32.6	34.1	35.2
	코스닥 시장	10.1	10.3	10.3	10.2	10.1	10.3

러 규모의 계약을 체결했으며, 연내 본격적인 투자가 개시될 예정이다. 외국인 자금의 귀환은 단순한 '규모'의 문제가 아니다. 그들의 투자 결정에는 '한국 시장이 다시 신뢰할 만하다'라는 메시지가 담겨있다. 이는 시장의 방향을 바꾸는 신호이자, 한국 경제의 체질이 바뀌고 있음을 의미한다.

다만 한 가지 우려는 남는다. 한국 시장의 저평가가 해소되는 과정에서 그 과실이 다시 외국인에게 돌아갈 수 있다는 점이다. 외국인이 한국을 다시 매수하는 지금, 우리에게 필요한 것은 '주체적 투자자'로서의 태도다. 외국인의 귀환은 한국 시장의 신뢰가 회복되고 있다는 증거이며, 동시에 우리에게 주어진 새로운 과제이기도 하다.

PART 2

한국 주식 투자 실행 전략

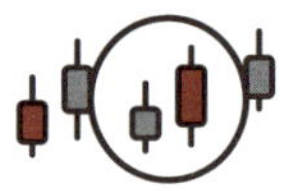

한국 주식시장 한눈에 보기: 코스피부터 넥스트레이딩까지

거래소 시장(유가증권시장)

우선 한국 주식시장의 구조를 이해할 필요가 있다. 대표적인 시장은 유가증권시장, 즉 코스피 시장이다. 유가증권시장에 상장하려면 엄격한 기준을 통과해야 한다. 거래소 시장에 상장된다는 것은 해당 종목이 일정 수준의 검증을 거쳤다는 의미다.

한국거래소 상장 요건은 자본금 300억 원 이상, 최근 3년간 연평균 매출액 100억 원 이상이며 영업이익이 있어야 한다. 자기자본이익률(Return on Equity, ROE)은 5% 이상이어야 하고, 주주 분산 요건으로는 주주 수가 700명 이상, 소액주주 비율이 25% 이상이어야 한다. 부채비율이 적정 수준을 유지해야 하며, 최근 3년간 재무제표에 대한 감사 의견이 '적정'이어야 한다. 상장 요건을 모두 외울 필요는 없지만, 상장사는 이러한 조건을 충족해야 한다는 점을 이해하면 된다. 한국거래소 홈페이지에는 투자자에게 유용한 정보가 많다.

코스닥 시장(협회 시장)

코스닥 시장은 미국의 나스닥과 유사한 구조다. 기술 중심의 벤처기업 위주로 운영되며, 등록 제도를 따른다. 상장 요건이 코스피 시장보다 덜 엄격하지만, 우회상장과 특례상장 제도를 이해할 필요가 있다. 일부 기업에게는 좋은 기회가 될 수 있지만, 시장 전체로 보면 투자자 입장에서는 주의가 필요하다.

우회상장은 비상장회사가 상장회사를 합병해 상장 지위를 얻는 방식이다. 코스닥은 '등록'이라는 용어를 쓰지만, 통상 '상장'이라는 표현도 함께 사용한다. 코스닥 시장 상장(등록) 요건은 자본금 30억 원 이상으로, 코스피 시장 요건의 10분의 1 수준이다. 매출과 영업 실적은 두 가지 중 하나만 충족해도 된다. 즉, 최근 매출액이 100억 원 이상이면서 영업이익이 있거나, 최근 ROE가 5% 이상이면 된다. 주주 분산 요건은 300명 이상, 소액주주 비율은 25% 이상이며, 최근 3년간 감사 의견이 '적정'이어야 한다. 부채비율도 안정적이어야 한다.

코스닥 시장에서 특이한 점은 기술특례상장이다. 벤처기업의 특성상 성장 가능성은 있고 투자자들에게 투자 기회를 주고자 하지만 등록 요건을 맞추지 못하는 경우가 있기 때문에 예외적으로 기술성과 혁신성을 평가하는 기술특례상장제도를 운영한다. 기술평가 기관의 긍정적 판단에 근거하여 코스닥 상장이 가능하다. 기술특례기업 중에는 좋은 기업도 많지만 종종 투자자를 울리는 사례가 많아 주의가 필요하다.

참고로, 기술특례상장제도는 기술력이 뛰어난 기업에 대해 재무적 성과와 관계없이 상장기회를 주는 제도로 2005년 도입되었다. 기술보증기금, 나이스평가정보, 한국기업데이터 중 2개 기관에서 일정 등급(A) 이상을 받으면 상장 예비 심사를 신청할 수 있다. 2025년 기준으로 245여 기업이 상장했고 시가총액이 76조 원이다. 기사에 따르면 245개 기업 중 170개 기업이 상장일 당시보다 시총이 감소되었다 한다. 기술특례상장은 대부분 바이오 기업 중심으로 많은 종목이 상장되었으며, 로봇 기업 등 비바이오 기업의 상장도 확대되고 있다.

▶ 기술특례 성공 사례: 알테오젠, 레인보우로보틱스 ◀

대표적인 성공 사례로는 알테오젠을 들 수 있다. 이 회사는 2014년 12월 코스닥 시장에 상장했을 당시 시가총액이 약 1,200억 원 수준이었으나, 2025년 10월 말 27조 원을 넘어섰다. 약 200배가 넘는 성장이다. 2014년 도입된 기술특례상장의 취지를 가장 성공적으로 입증한 사례로 평가받는다.[1]

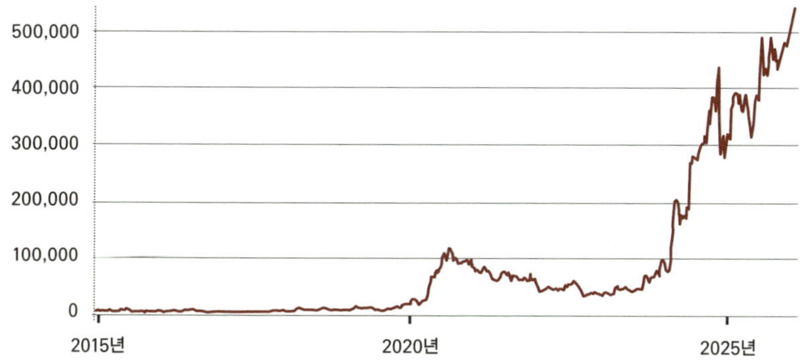

그림 2-1 | 상장 이후의 알테오젠 주가 흐름(2025년 10월 31일 기준)

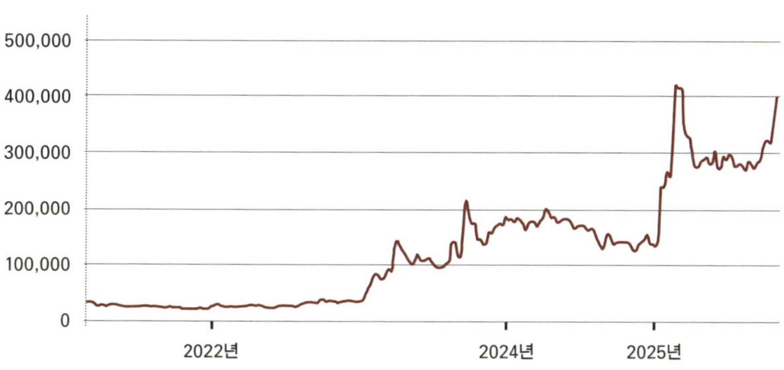

그림 2-2 | 상장 이후의 레인보우로보틱스 주가 흐름(2025년 10월 31일 기준)

최근에는 코스피 이전 상장을 추진할 정도로 성장세가 가파르다. 2025년 상반기 이사회에서는 이전 상장 추진을 논의했고, 주주총회 특별결의를 거쳐 한국거래소에 상장 예비 심사를 청구할 계획인 것으로 알려졌다.[2] 이미 재무구조와 시가총액 등 모든 요건을 충족한 만큼, 기술특례상장 기업 가운데 드물게 '코스닥에서 코스피로의 승격'을 앞둔 대표 기업으로 꼽힌다.

바이오 분야가 아닌 기술특례상장의 성공 사례로는 레인보우로보틱스가 있다. 2021년 2월 코스닥 시장에 상장한 이 회사는 산업용 로봇 제조업체로, 2011년 한국과학기술원(KAIST) 휴머노이드로봇연구센터 연구원들이 설립한 벤처기업이다. 2025년 현재 삼성전자가 최대 주주로, 국내 로봇 산업의 대표적 성장주로 평가받는다.[3]

2024년 12월 기준 레인보우로보틱스의 PER은 2,468.18배, EPS는 110원, PBR은 39.68배를 기록했다. 같은 업종 평균 PER이 42.99배 수준임을 감안하면, 이는 기술력과 미래 성장성에 대한 시장의 기대가 주가에 강하게 반영된 결과다.[4] 투자자의 입장에서 2025년 10월 말일 기준 PER 3,134.3배, PBR 50.4배 수준의 기업을 '이성적으로 매수할 수 있을까'라는 질문이 생길 정도로, 기술 기반 기업에 대한 평가가 미래 가치 중심으로 이동하고 있음을 보여준다.

▶ 기술특례상장의 실패 사례 ◀

기술특례상장이 모두 성공으로 이어지는 것은 아니다. 대표적인 실패 사례로는 올리패스를 들 수 있다. 이 회사는 2019년 9월 코스닥 시장에 상장했으며, 한때 주가가 25만 원까지 상승해 화제를 모았다. 하지만 2025년 현재 주가는 1,645원, 시가총액은 약 90억 원 수준으로, 상장 당시(3,441억 원) 대비 97% 이상 하락했다.

올리패스는 미국·일본·중국 등 주요 국가에서 특허를 취득하며 기술력을 인정받았지만, 신약 임상 실패와 감사 의견 한정으로 결국 거래정지와 상장폐지 절차에 들어갔다. 2023년 이후에도 특허 관련

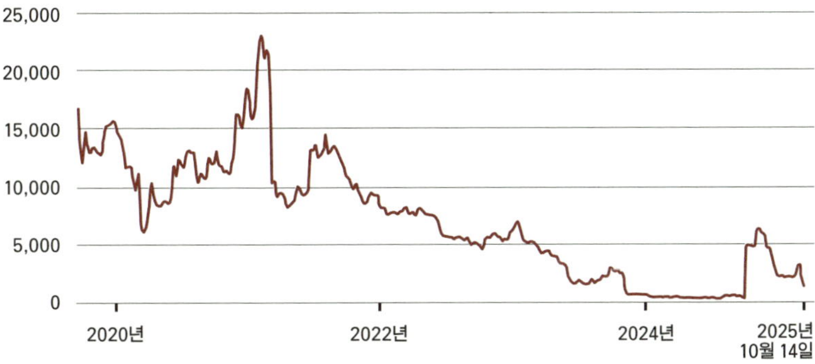

그림 2-3 | 기술특례상장의 실패 사례인 올리패스(2025년 10월 31일 기준)

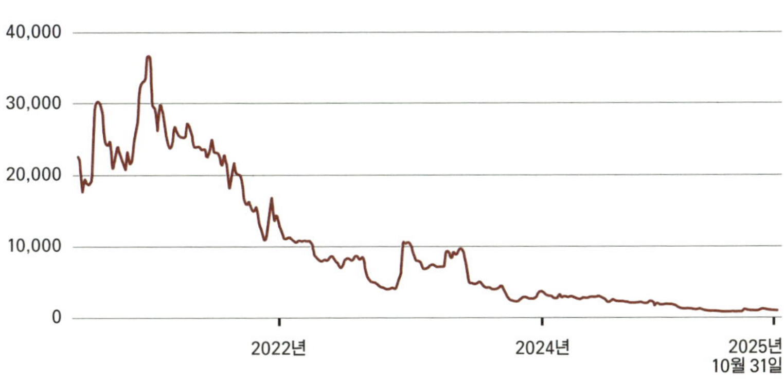

그림 2-4 | 기술특례상장의 실패 사례인 에스씨앰생명과학(2025년 10월 31일 기준)

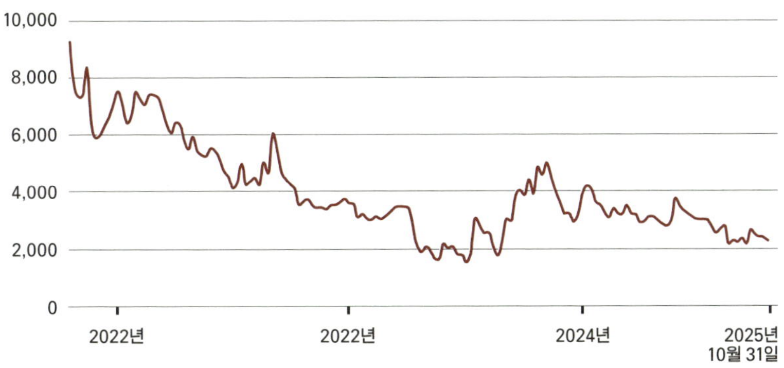

그림 2-5 | 기술특례상장의 실패 사례인 샤페론(2025년 10월 31일 기준)

보도[5]는 이어졌지만, 실질적인 사업 성과로 이어지지 못하면서 투자자들은 상황을 판단하기 어려웠다.

2020년 6월 기술특례로 상장한 에스씨엠생명과학도 대표적인 하락 종목이다. 상장 시점 대비로 시가총액이 93% 하락한 수준이다. 그리고 2022년 10월 상장한 샤페론도 상장 이후 주가는 지속적으로 하락하고 있다.

코스피 너머의 시장들: 코넥스, KSM, K-OTC, 넥스트레이드

우리나라에는 코스피와 코스닥 시장 외에도 주식을 거래할 수 있는 다양한 시장이 있다. 한국거래소가 운영하는 코넥스(Korea New Exchange, KONEX) 와 KSM(KRX Startup Market), 그리고 금융투자협회가 운영하는 K-OTC가 대표적이다. 이들 시장은 장외시장의 성격을 가지지만 제도권 안에서 운영되며, 중소기업이나 비상장 기업이 자본시장을 통해 자금을 조달할 수 있도록 마련된 통로다. 최근에는 여기에 대체거래소(Alternative Trading System, ATS)인 넥스트레이드(Nextrade, NXT)가 출범하면서 우리나라 주식시장의 구조가 한층 다층화되고 있다. 물론 온라인에서 당사자들이 직접 거래하는 방법도 가능하다.

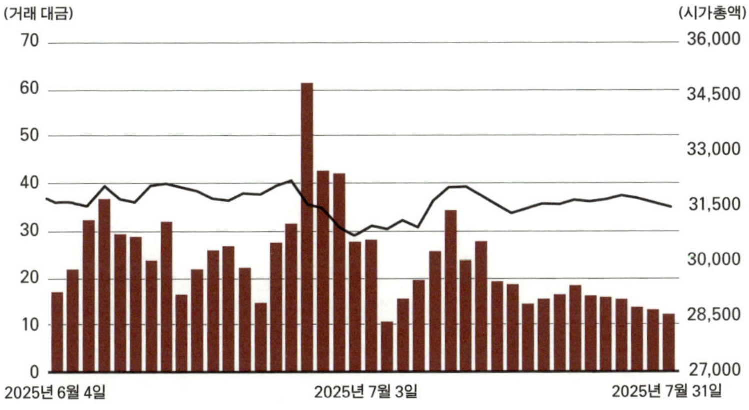

표 2-1 | 코넥스 시가총액 상위 종목

순위	종목명	시가총액('25.6월)	시가총액('25.7월)
1	엔솔바이오사이언스	4,462.4억 원	3,713.5억 원
2	SK시그넷	2,284.1억 원	2,076.1억 원
3	노브메타파마	1,278.0억 원	1,735.2억 원
4	파마리서치바이오	1,568.9억 원	1,460.0억 원
5	지슨	1,244.3억 원	1,207.9억 원

표 2-2 | 코넥스 거래 대금 상위 종목

순위	종목명	거래 대금('25.6월)	거래 대금('25.7월)
1	엔솔바이오사이언스	260.1억 원	245.3억 원
2	프로젠	35.2억 원	48.2억 원
3	파마리서치바이오	31.7억 원	29.0억 원
4	노브메타파마	9.2억 원	23.2억 원
5	탑선	2.7억 원	22.6억 원

순위	상승				하락			
	종목명	'25.6월	'25.7월	전월比	종목명	'25.6월	'25.7월	전월比
1	로지스몬	100	261	161.0	테크랜스	1,870	800	-57.2
2	씨앗	684	1,300	90.1	켐츠	4,000	2,040	-49.0
3	지아이헬스케어	187	348	83.4	더콘텐츠온	4,900	3,490	-28.8
4	원풍유	1,399	2,160	54.4	머니무브	4,500	3,200	-28.4
5	큐엠씨	1,500	2,190	46.0	인터로이드	3,235	2,400	-25.8

▶ 코넥스 ◀

코넥스는 중소기업 전용 주식시장이다. 2013년 7월에 출범하였으며 제3시장이라고 불린다. 거래소와 코스닥 시장과 비교하면 상장 절차가 간단하지만, 지정자문인과의 계약 체결을 통해 외부감사, 기업실사, 상장적격성보고서를 작성하는 과정을 거쳐야 직상장이 가능하다. 현재 지정자문인은 19개 증권사로, 117개 상장 종목 가운데 IBK투자증권이 28개사, 아이엠증권이 11개사, 대신증권이 9개사의 지정자문 역할을 맡고 있다. 2025년 8월 기준으로 117종목이 상장되어 있고 시가총액은 약 3조 원 수준이다. 한국거래소 홈페이지나 코넥스 전용 페이지를 통해 상세한 기업 정보를 확인할 수 있다.

코넥스 자료에 따르면 2025년 7월 기준으로 하루 평균 거래량은 31만 7천 주, 거래 대금은 21억 2천만 원 수준이다.[6] 시가총액 및 거래 대금 상위 종목으로는 엔솔바이오사이언스, 프로젠, 파마리서

순위	2025년 6월					2025년 7월				
	기관	개인	기타법인	외인	합계	기관	개인	기타법인	외인	합계
매수	17.6	478.9	14.9	1.8	513.2	2.6	470.6	11.1	3.8	488.1
매도	39.8	430.8	37.9	4.7	513.2	18.1	423.6	44.9	1.8	488.1
순매수	△22.2	▲48.1	▲23.0	△2.9	0	△15.5	▲47.0	▲33.8	2.0	0
매매비중(%)	5.6	88.6	5.2	0.6	100	2.1	91.6	5.8	0.5	100

표 2-5 | 코넥스 시장의 지정자문인 현황

지정자문인	지정자문기업(상장시)	지정자문기업(현재)	지정자문인	지정자문기업(상장시)	지정자문기업(현재)
IBK투자증권	60	28	현대차증권	8	1
KB증권	32	0	한화투자증권	9	2
한국투자증권	27	9	유진투자증권	7	4
키움증권	27	11	SK증권	5	2
NH투자증권	21	7	상상인증권	4	2
신한투자증권	17	5	신영증권	4	1
교보증권	18	5	유안타증권	4	1
하나증권	13	7	한양증권	2	0
대신증권	16	9	BNK투자증권	0	3
아이엠증권	12	11	다올투자증권	1	0
미래에셋증권	11	2	LS증권	0	2
DB금융투자	1	2	미지정	2*	–
			합계	297	117

치바이오가 대표적이다. 시가총액 상위 기업은 4,462억 원, 2,284억 원대 종목이 있으며, 월간 가격 등락폭이 큰 것이 특징이다. 한 달 사이 161% 상승한 종목이 있는가 하면, -57% 하락한 종목도 있다. 시장 참여자는 대부분 개인 투자자이며, 비중은 약 90%에 달한다. 외국인 비중은 1% 미만으로 매우 낮다.

코넥스에 상장된 종목은 거래소나 코스닥에 상장·등록된 종목과 비교할 때 재무 상황을 포함하여 신뢰가 낮다고 가정해야 한다. 유동성이 갑자기 줄어들 수도 있으며 갑작스러운 가격 변동이 발생할 수도 있다. 따라서 코넥스에 대한 투자는 해당 회사에 대한 상당한 이해가 있고 정보를 파악한 이후에 시작해야 한다.

▶ KSM, K-OTC ◀

KSM은 한국거래소가 운영하는 스타트업 전용 장외시장으로, 기술력과 성장 잠재력을 갖춘 초기 기업이 투자자에게 지분을 공개하고 자금을 조달할 수 있도록 만든 시장이다. 정식 상장 전 단계로서, 코스닥 기술특례상장이나 코넥스로의 이전 상장을 준비하는 '사전 시장' 역할을 한다.

K-OTC는 금융투자협회가 운영하는 비상장 주식 거래 시장으로, 일정 요건을 충족한 비상장 기업 주식을 합법적으로 거래할 수 있는 제도권 장외시장이다. 등록 기업의 재무 정보와 공시 자료를 제공해 투자자 보호를 강화하고, 상장 전·후 기업들의 유동성 확보에 기여한다.

▶ 넥스트레이드 ◀

한국거래소의 단일 거래 체계를 보완하고 상장 주식의 거래 효율성을 높이기 위해 2025년 3월 4일, 국내 최초의 대체거래소인 넥스트레이드가 출범했다. 넥스트레이드는 코스피와 코스닥에 상장된 주식을 한국거래소 외의 별도 플랫폼에서 거래할 수 있도록 만든 새로운 시장이다. 즉, 코넥스처럼 상장 이전 단계 기업을 위한 시장이 아니라 기존 상장 주식의 유통을 위한 대체 거래 시장이다. 이로써 투자자는 동일한 상장 주식을 KRX뿐만 아니라 넥스트레이드에서도 거래할 수 있게 되었고, 이는 자본시장의 경쟁을 촉진하고 거래 효율성을 높이는 제도적 변화라 할 수 있다.

넥스트레이드는 프리마켓(08:00~08:50), 정규시장(09:00~15:30), 애프터마켓(15:30~20:00)으로 구성되어 있으며, 하루 최대 12시간까지 거래할 수 있다. 거래 수수료는 한국거래소보다 낮게 책정되었고, 중간가 주문(Midpoint) 등 새로운 주문 방식이 도입되었다. 출범 초기에는 제한된 종목만 거래되었으나 2025년 하반기 거래 종목이 점차 확대되면서 시장 점유율도 안정적으로 늘고 있다.

다만 넥스트레이드는 코넥스와 성격이 전혀 다르다. 코넥스가 중소기업의 상장과 자금 조달을 지원하는 '발행 시장'이라면, 넥스트레이드는 이미 상장된 주식이 거래되는 '유통 시장'의 새로운 플랫폼이다. 따라서 투자자는 자신이 매수하는 종목이 어느 시장(KOSPI·KOSDAQ·KONEX)에 상장되어 있고, 어느 플랫폼(KRX·NXT)에서 거래되는지를 구분해야 한다. 시장별로 안정성, 유동성, 정보

공시 체계가 모두 다르기 때문이다. 결국 코넥스와 넥스트레이드는 자본시장의 폭을 넓히고 기업과 투자자 모두에게 새로운 선택지를 제공한다는 공통점이 있지만, 그 기능과 위험의 성격은 전혀 다르다. 코넥스는 중소기업의 성장 사다리이고, 넥스트레이드는 거래 효율성을 높이는 경쟁 플랫폼이다.

IPO: 상장과 등록의 의미

상장은 영어로 Listing, 그 과정을 IPO(Initial Public Offering)이라고 한다. 그리고 대부분의 경우 상장하면서 가격이 상승한다. 정확하게는 장외시장에서 거래되는 가격보다 높게 형성되는 것이 일반적이다. 상장을 하면 주가가 상승하고 기업 가치가 상승하는 것이 적절한가? 당연히 적절하다. 티셔츠를 만들어 파는데 길거리에서 판매하는 경우와 동일한 제품을 백화점에 전시하여 판다면 가격이 달라야 한다. 소비자들에게 높은 신뢰를 주는 것이며 높은 가격을 제시해도 판매가 되는 것이다. 옷의 가치에 백화점에 전시되는 가치가 추가되는 것이다.

마찬가지로 상장한 종목은 장외에서 거래되는 경우와 비교할 때 가치가 높아야 한다. 다만 IPO의 사례가 늘어나면서 기업과 IPO 업무를 지원하는 증권사의 입장과 이해 문제가 얽히며 시장 상황을 감안하여 높게 가격을 제시함으로써 상장하고도 주가가 하락하는 경우가 늘어나는 것 또한 현실이다. 또한 벤처사, PEF 등 해당 종목을 투자한 투자회사들과 IPO에 참여한 개인 투자자들이 상장 직후에 빠른 현금화를 시도하면서 수급에 기인한 가격 하락도 일반적 현상이다. IPO 과정에서의 가격 흐름의 패턴이 있고 이를 이용한 매매에 집중하는 투자자들도 있다. 주식을 자산 포트폴리오에 편입하는 것이 아니고 단기적인 가격 변동에 따른 매매 이익을 얻고자 하는 투자자는 IPO에 대한 다양한 사례를 확인하고 IPO 종목들을 상장 직후에 집중적으로 매매할 수 있다.

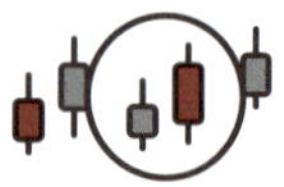

외국인 투자자의 시각으로
시장을 읽는 법

외국인은 왜 이렇게 중요한가

한국 주식시장에서 외국인 투자자들의 영향력은 절대적이다. 정부의 공식 통계인 e-나라지표를 통해 살펴보면 그 변화가 더욱 명확히 드러난다. 1998년 IMF 외환위기 이후 한국 증시는 외국인에게 전면 개방되었고, 그 결과 외국인 지분 비중은 빠른 속도로 확대되었다. 2003년에는 무려 41.2%를 기록하며 정점을 찍었으나, 이후 글로벌 금융위기와 국내 경기 변동의 영향을 받으며 점차 하락하기 시작했다. 현재는 약 30% 수준(2025년 9월 기준)을 유지하고 있다.

보유 금액은 2024년 기준으로 700조 원이고 2025년 9월 말 기준 1,004.2조 원이다. 국가별로는 어떨까? 2025년 9월 말 기준으로 미

국이 415.2조 원, 유럽이 316.4조 원, 아시아가 142.2조 원, 중동이 15.5조 원이다.[7]

이처럼 다양한 국가의 자금이 들어와 있음에도, 우리는 흔히 '외국인'이라는 단일한 주체로 해석하곤 한다. 그러나 실제로는 각기

그림 2-7 | 외국인 증권투자 현황

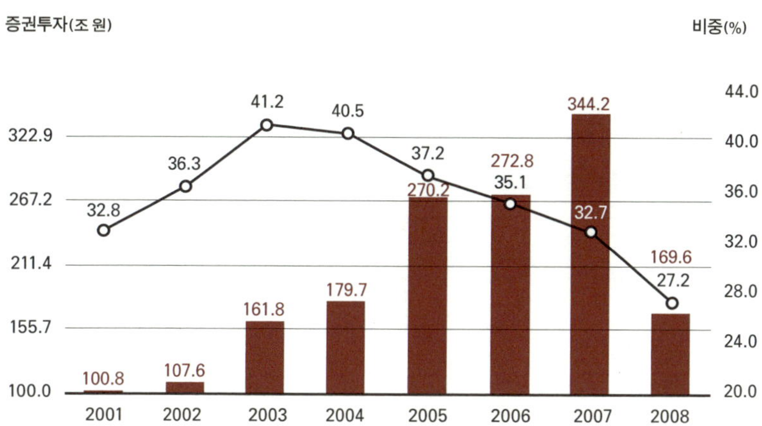

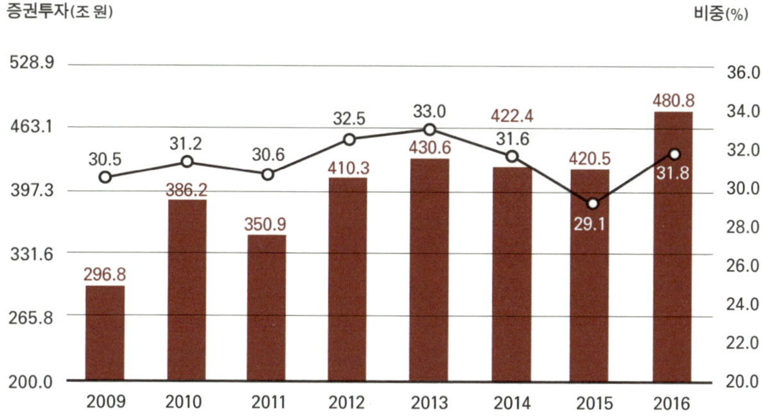

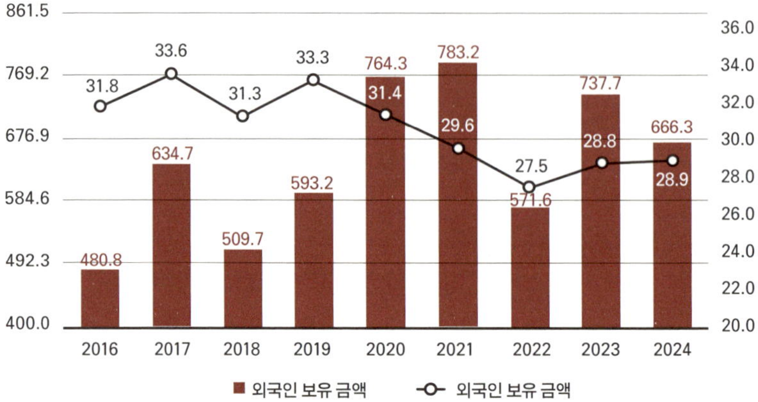

표 2-6 | 국가별 상장 주식 보유 현황

국적	'23년 말 (십억 원)	'24년 말 (십억 원)	'25년 9월 말 (십억 원)	증감률 (%)	비중 (%)
미국	302,424	272,193	415,189	52.5	40.9
영국	69,510	69,489	114,077	64.2	11.2
싱가포르	49,432	50,799	70,380	38.6	6.9
룩셈부르크	44,665	35,503	53,000	49.3	5.2
아일랜드	31,025	25,219	41,016	62.6	4.0
호주	20,842	22,695	35,476	48.0	3.5
네덜란드	21,302	23,804	34,429	44.6	3.4
노르웨이	18,492	17,840	26,746	37.3	2.4
캐나다	21,239	19,041	24,378	50.7	2.4
케이맨제도	14,121	15,054	24,174	55.6	2.2
중국	16,110	14,507	22,701	61.5	1.9

국적	'23년 말 (십억 원)	'24년 말 (십억 원)	'25년 9월 말 (십억 원)	증감률 (%)	비중 (%)
스위스	13,162	13,703	19,394	41.5	1.9
일본	15,089	12,827	18,980	48.0	1.9
홍콩	15,089	13,273	17,335	30.7	1.7
독일	6,435	5,566	9,801	76.1	1.0
쿠웨이트	8,151	5,621	8,812	56.8	0.9
말레이시아	6,637	5,671	8,794	55.1	0.9
기타	66,333	50,863	69,881	37.4	7.0
합계	739,413	673,747	1,014,583	50.6	100.0

다른 운용 목적과 투자 전략을 가진 수많은 기관과 펀드의 집합체다. 어떤 자금은 단기 차익을 노리고, 어떤 자금은 장기적인 가치 투자를 목표로 움직인다. 결국 외국인은 단일한 '투자자'가 아니라, 세계 자본시장의 방향과 신뢰를 대변하는 거대한 거울이다. 그렇다면 이렇게 막대한 자금을 운용하는 외국인들은 과연 얼마나 수익을 올렸을까?

한국 주식시장에서는 오래전부터 외국인만 돈을 번다는 말이 회자된다. 도대체 외국인들이 얼마나 돈을 벌었길래 그러는지 확인해보자. 2009년도 매일경제 기사 자료(표 2-7)를 2025년에 보아도 시사하는 바가 크다.[8]

한국 증시 개방 이후 18년간 외국인은 연평균 30%의 수익률을

표 2-7 | 외국인 개방 이후 18년간 투자 성적표

구분	순매수액 (억 원)	보유 시가총액 (억 원)	연간 투자 수익률 (%)	연간 코스피 등락률 (%)
1992년	15,081	41,451	174.9	11.1
1993년	43,293	110,478	30.4	27.7
1994년	9,290	154,018	28.6	18.6
1995년	13,180	167,229	0	−14.1
1996년	30,738	152,220	−23.1	−26.2
1997년	4,240	103,580	−33.8	−42.2
1998년	57,234	256,334	59.4	49.5
1999년	15,108	765,905	182.2	82.8
2000년	113,872	565,585	−35.7	−50.9
2001년	74,471	937,636	46.4	37.5
2002년	−28,983	931,663	2.6	−9.5
2003년	137,689	1,424,820	33.2	29.2
2004년	104,839	1,731,861	13.2	10.5
2005년	−30,229	2,600,744	52.8	54.0
2006년	−107,535	2,622,730	5.2	4.0
2007년	−247,117	3,082,745	*29.8	32.3
2008년	−336,034	1,657,996	−39.6	−40.7
2009년 7월	178,.876	2,354,870	28.2	38.5

올렸다. 이는 대형주 중심의 장기 분산투자 전략을 통해 얻은 결과였다. 단기적 등락에 흔들리지 않고, 시장 전체의 가치 상승을 공유한 결과이기도 하다. 당시 외국인의 안정적인 수익은 국내 투자자들에게 깊은 인상을 남겼다.

그 이후 한국 시장에서는 '외국인 따라가기' 현상이 본격적으로 나타났고, 외국인의 매수·매도 동향이 매일 뉴스의 주요 지표로 자리 잡았다. 외국인이 사면 개인이 사고, 외국인이 팔면 개인이 불안해하며 판다. 어느새 외국인은 시장의 방향을 결정짓는 가장 강력한 변수이자, 추종 매매하기 가장 쉬운 상대가 되었다. 그리고 이 관

그림 2-8 | 2023년 투자자별 순매수 상위 종목의 수익률(단위: %)

계는 지금까지도 반복되고 있다.

최근의 흐름을 보더라도 외국인의 존재감은 여전히 크다. 그림 2-8을 살펴보면 2023년 한 해 동안 외국인이 집중적으로 매수한 종목들의 성적표는 인상적이었다. 외국인은 실적이 견조하지만 시장에서 상대적으로 소외된 종목을 중심으로 포트폴리오를 구성했다. 그 결과, 외국인이 순매수한 상위 10개 종목의 평균 수익률은 103%로, 같은 기간 기관의 27.04%, 개인의 26.13%를 크게 웃돌았다. 다만 8위에 포함된 에코프로의 774%라는 이례적인 상승이 전체 평균을 끌어올린 점은 감안해야 한다.[9]

이 수치는 단순히 통계 이상의 의미를 갖는다. 외국인은 단기 테마보다 실적과 기업 가치를 기준으로 매수하며, 시장이 미처 주목하지 못한 영역에서 기회를 찾아낸다. 그리고 그 결과는 언제나 숫자로 증명된다.

외국인은 어떻게 투자하는가

외국인 투자자에 대해 반드시 알아야 할 점이 있다. 요약하자면, 외국인을 단순히 '가격 상승을 예상하고 매매하는 주체'로 보는 것은 시장을 잘못 읽는 일이다. 외국인의 영향력이 크다 보니 그들의 현물 매수나 매도 규모를 곧바로 시장 전망으로 해석하는 경우가 많지만, 이는 주의해야 한다. 최근에는 가격 상승이 아닌 다른 변수를

활용한 매매가 늘어나고 있으며, 이런 거래는 시장이 안정적일 때
가능하다.

외국인들은 '차익거래'라는 이름으로 선물과 현물 간의 가격 차이
를 이용하기도 하고, 옵션거래를 통해 현물의 매매 방향이 시장의
방향성과 다르게 나타나기도 한다.

예를 들어 외국인이 현물(주식)을 3천억 원 매수했다고 하자. 언론
이나 개인 투자자들은 대개 '외국인이 한국 시장의 상승을 예상하
고 있다'라고 해석할 것이다. 그러나 3천억 원에는 차익거래 물량이
포함되어 있다. 만약 차익거래를 위해 현물 7천억 원을 매수하고 주
가지수선물 7천억 원을 매도한 것이라면 상황은 전혀 다르다. 주가
지수선물 7천억 원 매도와 현물 포트폴리오 7천억 원 매수는 차익
거래를 감안하면 실질적으로 주식의 방향성 매매로 보면 4천억 원
매도에 해당한다. 겉으로는 현물을 3천억 원 매수한 것처럼 보이지
만, 실제로는 시장의 상승에 베팅하지 않은 셈이다. 이처럼 표면적
인 수치만으로 외국인의 의도를 해석하면 정반대의 결론을 내릴 수
도 있다.

한국 투자자들은 영리하다. 다만 불법은 아니지만 편법적인 거래
가 존재할 수 있음을 인식해야 한다. 돈이 된다면 시장 참여자들은
언제나 나를 위해 정직하게만 행동하지 않는다. 이를테면 '검은 머
리 외국인'이라 불리는, 국내 자본이 외국인 계좌를 통해 우회 거래
하는 사례가 대표적이다. 이런 거래는 개인 투자자 입장에서는 실시
간으로 파악하기 어렵고, 시간이 지난 뒤 뉴스나 공시를 통해서야

확인되는 경우가 많다. 따라서 외국인의 매매 패턴에 과도한 의미를 부여하는 일은 경계할 필요가 있다.

단기 매매를 하는 경우라면 외국인의 매매 동향을 참고할 수 있다. 다른 시장 참여자들이 활용하는 정보이기 때문이다. 그러나 장기 투자나 자산 포트폴리오를 구성하는 측면에서는 외국인의 매매에 지나치게 휘둘릴 필요가 없다. 결국 중요한 것은 '외국인이 무엇을 사고파는가'보다 '왜 그런 매매가 가능한 환경인가'를 읽어내는 통찰력이다.

외국인 투자자를 이해하는 가장 간단한 방법이 있다. 내가 북유럽 국가의 연기금 운용 담당 임원이라고 상상해보자. 한국은 아시아의 여러 나라 중 하나일 뿐이며, 투자 판단은 늘 중국·일본·인도 등과의 비교 속에서 이루어진다. 외국인 투자자는 개별 기업의 단기 실적보다 국가 전체의 제도, 정책의 일관성, 시장의 신뢰도를 더 중시한다. 그렇다면 지금의 한국 주식시장은 외국인에게 과연 얼마나 매력적으로 보일까?

한국 시장에 대한 인식은 분명 바뀔 수 있다. 한국 주식시장에서 외국인의 영향력은 여전히 막강하다. 대부분의 투자자들은 외국인의 하루하루의 매매 현황을 매일 뉴스에서 확인하며 시장의 방향을 가늠한다.

그러나 외국인은 하나의 목소리를 가진 집단이 아니다. 연기금, 헤지펀드, 글로벌 ETF, 초단타 알고리즘 트레이더 등 각기 다른 전략과 목표를 지닌 수많은 자금이 '외국인'이라는 이름 아래 함께 묶여 있을 뿐이다. 따라서 그들의 행동을 단순히 '매수냐 매도냐'로 해석하는 것은 시장을 지나치게 단편적으로 보는 것이다.

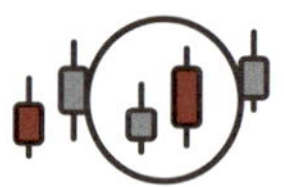

한국 증시,
상승의 초입에서 전략을 묻다

우리는 어떤 전략을 택해야 할까?

한국 주식시장이 길었던 박스권을 완전히 벗어나며 새로운 상승 흐름을 보이고 있다. 2025년 10월 31일 기준 코스피는 4,100선포인트 선을 돌파하며 2021년 이후 약 4년 만에 사상 최고치 수준에 올라섰다. 연초 2,400포인트 수준에서 출발한 지수는 불과 10개월 만에 약 70% 수준이나 상승했다. 외국인은 5개월 연속 순매수를 이어가며 누적 14조 원 이상을 사들였고, 기관 역시 배당주·가치주 중심의 저가 매수세로 돌아섰다. 반도체, 이차전지, 자동차 등 수출주가 상승을 주도하고, 금융·내수·중소형주로 순환매가 확산되며 '수급의 복원력'이 시장 전반으로 퍼지고 있다.

물론 단기 조정은 언제든 있을 수 있다. 다만 필자는 조금 조심스럽지만, 큰 틀에서 한국 주식이 저평가 구간을 벗어나 점진적으로 리레이팅(re-rating) 국면으로 이동하고 있다고 판단한다. 기업 실적의 회복, 금리 인하 기대, 글로벌 유동성 재확대가 맞물리며 '구조적 상승 사이클'의 초입에 들어선 것이다. 이제 투자자에게 남은 질문은 단 하나다. 지금, 우리는 어떻게 투자해야 할까?

알파 투자와 베타투자: 시장을 이길 것인가, 시장과 함께 갈 것인가?

상승장이 시작될 때 투자자의 선택은 두 갈래로 나뉜다. 하나는 시장보다 빠르고 높게 오르는 종목을 찾아 초과 수익을 노리는 길, 다른 하나는 시장 전체의 회복력에 올라타 안정적인 수익을 추구하는 길이다. 이 두 가지가 바로 알파(α)와 베타(β) 투자다.

알파 투자는 시장을 이기려는 능동적 전략이다. 최근처럼 수출주가 선도하고 IT·반도체·자동차가 지수를 끌어올리는 국면에서는, 업종 순환의 흐름을 읽고 주도 업종 내에서 '다음 타자'를 찾아야 한다. 즉, 기업의 펀더멘털을 깊이 분석하고 시장보다 앞서 판단하는 종목 선별력이 요구된다. 그러나 상승장의 초입에서는 시장 전체의 힘이 더 크기 때문에, 알파 투자의 효과가 본격적으로 나타나기까지는 시간이 필요하다.

반면 베타 투자는 시장 전체의 흐름을 수용하는 전략이다. 이기는 것보다 지지 않는 것을 우선하며, 주가지수의 움직임을 그대로 따라가는 대표적인 지수형 투자다. ETF를 통해 코스피200, 코스닥150 등 시장 평균에 투자하면, 개별 종목 리스크를 줄이면서도 상승 흐름의 과실을 고르게 누릴 수 있다. 특히 지금처럼 시장 내 유동성과 밸류에이션이 동시에 회복되는 시기에는 시장 전체를 담는 베타 전략이 합리적이다.

정보와 시간의 비대칭을 인정하라

지금의 상승장은 외국인과 기관이 주도하고 있다. 외국인은 글로벌 금리 하락 기대 속에 한국 반도체·자동차·은행주를 집중 매수했고, 기관은 배당 확대와 실적 개선에 따라 포트폴리오를 재편하고 있다. 반면 개인 투자자는 변동성이 커질 때마다 매매 빈도를 높이고, 짧은 구간의 수익을 추구하다 오히려 성과를 깎아 먹는 경우가 많다.

이것이 바로 정보와 시간의 비대칭이다. 외국인과 기관은 방대한 데이터와 전문 인력을 바탕으로 거시 경제와 기업 실적을 분석하지만, 개인은 대부분 뉴스 흐름이나 시장 분위기에 따라 투자 결정을 내린다. 이런 구조에서는 장기적으로 시장을 꾸준히 이기기 어렵다. 그러나 시장을 이기지 못하더라도, 시장의 상승을 놓치지 않는 것

만으로도 충분히 의미 있는 성과를 거둘 수 있다. 베타 투자는 바로
이 지점에서 개인 투자자에게 가장 현실적인 해답을 제시한다.

베타로 기반을 세우고, 알파로 기회를 확장하라

지금의 한국 증시는 단기 랠리를 넘어 리레이팅 초입의 구조적 상승
구간으로 진입하고 있다. 따라서 투자자는 시장의 '방향성'을 먼저
확보하는 것이 중요하다. 즉, 베타 투자로 시장 전체의 흐름을 잡고,
그 위에서 업종 대표주나 구조적 성장주를 선별해 알파 비중을 점
진적으로 확대하는 전략이 유효하다.

ETF를 활용하면 이러한 이중 구조를 손쉽게 구현할 수 있다. 예를
들어 코스피200 ETF를 코어(core)로 두고, 반도체·AI·전기차·배당
주 ETF 등을 새틀라이트(satellite)로 구성하는 식이다. 시장 상승의
1차 수익은 베타에서, 초과 수익은 알파에서 만들어진다. 예를 들어
지금은 베타로 올라타고, 알파로 속도를 내는 시기다. 시장의 큰 물
결을 타되, 그 안에서 자신만의 선택과 집중으로 다음 국면을 준비
하는 것이 현명한 투자자의 자세다.

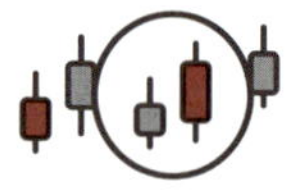

상승하는 한국 주식에 ETF로 올라타라

국내 ETF 이해하기

지금 시장에서 가장 먼저 올라타야 할 자산은 ETF다. ETF는 더 이상 '지수에 투자하는 간편한 수단'이 아니다. 한국 주식시장의 구조와 방향, 속도와 리듬을 가장 정확하게 담는 전략 자산이다. 개별 종목이 아니라 시장 전체에 올라타는 것. 감정이 아니라 구조에 따라 투자하는 것. ETF는 이 투자 아이디어를 실행할 수 있는 전략으로 만들어 준다.

2025년, 한국 증시는 방향을 되찾았다. 코스피는 4,100포인트를 돌파했고, 코스닥은 900포인트대다. 2021년 이후 4년 만의 고점이다. 박스권을 뚫고 시장은 다시 움직이는 온도를 회복했다. 이 흐름의 중심에는 ETF가 있다.

ETF는 단순한 지수 복제 도구가 아니다. 이제는 한국 자본시장의 핵심 인프라로 작동한다. 전체 거래 대금의 20% 이상이 ETF에서 발생하며, 개인은 ETF를 통해 시장에 진입하고, 기관은 ETF로 전략을 구현한다. ETF는 더 이상 '거울'이 아니라 '손'이다. 시장을 비추는 존재에서, 시장을 움직이는 존재로 진화했다. 그 진화는 수치로도 확인된다. 2020년 400개 남짓하던 ETF는 2025년 730개를 넘겼고, 총 순자산은 110조 원을 돌파했다. ETF 중심의 시장 재편이 본격화된 것이다.

상품은 폭발적으로 늘었고, 전략은 다변화되었다. 과거에는 코스피200, S&P500처럼 단순한 시장 평균형이 전부였다면, 지금은 이차전지, 반도체, 리츠, 배당, AI, 모멘텀 팩터 등 산업, 전략, 주기, 심지어 철학까지 담는 그릇이 되었다.

기본형 vs. 섹터형: 안정과 기회 사이

▶ 기본형 ETF의 강점 ◀

대표적인 기본형 ETF는 KODEX200, TIGER코스피200, ACE코스닥150이다. 이들은 한국 증시의 대표 지수를 기초로 삼아 시장 전체의 평균 수익률을 충실히 반영한다. 예를 들어 KODEX200은 삼성전자, SK하이닉스, LG에너지솔루션, 현대차, 기아, 삼성바이오로

직스 등 시가총액 상위 200개 기업으로 구성된다. 이러한 ETF를 보유한다는 것은 곧 한국 경제의 방향성과 성장을 포트폴리오에 담는 일이다.

기본형 ETF의 장점은 명확하다. 운용 보수가 낮고, 지수를 정확히 따라가며, 거래가 쉽고 유동성이 풍부하다. 매일 수천억 원이 거래되고 대부분의 경우 시장가로 즉시 매매가 가능하다. 배당금은 자동 재투자되며, 복리의 효과를 누릴 수 있다.

2025년 기준 KODEX200의 연평균 배당수익률은 약 1.47%, 운용 보수는 0.15% 수준이다. 개별 종목을 일일이 매매하는 것보다 훨씬 효율적이다. 이러한 ETF는 '시장 베타(Beta)'를 확보하는 전략의 핵심이다. 개별 기업 리스크는 줄이고 시장 전체의 흐름을 따라간다.

한국처럼 외국인 자금 유입에 민감한 시장에서는 이런 ETF가 한국 경제의 체온계 역할을 한다. 예를 들어 ACE코스닥150은 기술, 바이오, 소프트웨어 등 성장주 중심의 코스닥 대표 종목으로 구성된다. 코스피보다 변동성은 크지만, 상승장에서는 더 높은 수익을 낼 수 있다.

2025년 4월 저점과 비교하면 2025년 10월까지의 경우는 코스닥150은 45% 수준 상승하였고, 코스피200은 85% 수준 상승했다. 이는 이차전지, AI, 게임, 바이오 등 고성장 업종보다 삼성전자와 SK하이닉스가 시장을 주도한 결과다.

따라서 두 ETF를 혼합하는 전략이 유효하다. 예를 들어 코스피200 60%, 코스닥150 40%로 구성하면 대형주의 안정성과 중소형주의 성장성을 동시에 확보할 수 있다. 정기적 투자(예: 매월 적립식)와 반기별 리밸런싱만으로도 한국 시장의 복원력과 순환 사이클을 따라갈 수 있다. 이는 곧 한국 주식시장에 올라타되, 그 안에서 성장 엔진을 함께 담는 전략이다.

기본형 ETF는 단순히 지수를 복제하는 상품이 아니다. 한국 자본시장의 체력을 고스란히 반영하는 지표형 자산이다. 시장 상승을 전제로 한다면, 이만큼 효율적인 자산은 드물다. 개별 종목을 고르는 대신 한국 주식 전체의 회복력에 베팅하는 것, 그것이 바로 베타 투자의 본질이다.

▶ 섹터형 ETF: 기회와 리스크의 동전 양면 ◀

ETF 시장이 성숙해질수록 투자자들은 시장 전체보다 성장 동력이 집중된 산업군에 관심을 갖기 시작했다. 그 결과물이 바로 섹터형 ETF다. 섹터형 ETF는 시장의 평균이 아닌, 특정 산업의 '알파 (Alpha)' 수익을 노린다.

2025년 현재 가장 많은 자금이 몰린 분야는 반도체, 이차전지, AI, 리츠(REITs), 고배당 등이다. 예를 들어 TIGER 반도체 ETF는 삼성전자, SK하이닉스, DB하이텍 등 메모리 중심 종목을 담는다. AI 데이터센터 투자 확대와 DDR5 수요 증가에 따른 글로벌 반도체 업황 회복을 반영했다. 2025년 1~9월 동안 이 ETF는 약 +72% 수익률을 기록했으며, 같은 기간 코스피 상승률(35%)의 두 배 수준이다.

KODEX 이차전지산업 ETF는 LG에너지솔루션, 포스코퓨처엠, 에코프로 등을 담고 있으며, 미국의 인플레이션 감축법(Inflation Reduction Act, IRA)와 유럽 전기차 보조금 수혜를 동시에 받고 있다. 2025년 상반기 조정 이후 하반기 들어 45% 반등했다.

SOL AI코리아 ETF는 네이버, 카카오, 리벨리온, 퓨리오사AI 등 국내 AI 대표주를 편입하고, AI 반도체, 클라우드, 알고리즘 등 밸류체인 전반에 투자한다. 2024년 말 상장 후 1년 만에 순자산 1조 원을 돌파하며 국내 AI ETF 중 가장 빠른 성장 속도를 보이고 있다.

섹터형 ETF는 시장을 이기는 전략이 아니라, 시장을 선도하는 산업의 흐름에 올라타는 전략이다. 그러나 기회가 큰 만큼 리스크도 크다. 테마가 꺾이거나 순환매 축이 바뀌면 단기간에 수익률이 반토막 나는 경우도 적지 않다. 실제로 2023년 이차전지 붐 이후 일부 ETF는 3개월 만에 40% 이상 조정을 받았다.

즉, 섹터형 ETF는 기회는 빠르지만, 지속성은 짧은 자산이다. 따라서 섹터형 ETF 비중은 전체 포트폴리오의 20~30% 이내로 제한해야 한다. 테마가 강세를 보일 때는 비중을 늘릴 수 있지만, 정기적인 리밸런싱으로 비율을 조절해야 한다.

ETF는 어디까지나 '시장을 따라가는 도구'다. 시장보다 먼저 달리는 자동차는 아니다. 섹터형 ETF는 파도를 타는 서핑보드에 가깝다. 균형 감각이 없다면 시장보다 먼저 넘어질 수 있다.

결국 투자자는 ETF 시장의 두 축을 이해해야 한다. 기본형 ETF는 시장 전체를 담고, 섹터형 ETF는 그 안의 성장 모멘텀을 담는다. 이

둘의 조합이 ETF 투자의 핵심이다. 기본형으로 방향을 확보하고, 섹터형으로 속도를 더하는 전략. 지속 가능한 ETF 투자 전략의 뼈대는 이 균형에서 나온다.

파생형 ETF의 함정: 레버리지·인버스·커버드콜

ETF 중에는 단순히 지수를 추종하는 상품 외에도, 지수 변동을 확대하거나 반대로 추종하거나, 옵션 전략을 결합한 형태가 있다. 대표적으로 레버리지, 인버스(Inverse), 커버드콜(Covered Call) ETF가 그렇다. 표면적으로는 매력적이다. 지수가 5% 오르면 10% 벌고, 하락장에서도 수익을 내며, 매달 안정적인 현금 흐름까지 얻을 수 있다는 점이 투자자들을 끌어들인다. 그런데 파생형 ETF의 구조는, 지수를 사는 것이 아니라 '지수의 경로(Path)'를 거래하는 상품이라 정확한 이해가 필요하다.

▶ 레버리지 ETF: 상승의 가속페달, 그러나 장기에는 독 ◀

레버리지 ETF는 하루 단위로 지수의 2배 수익률을 추종한다. 예를 들어 코스피가 1% 오르면 ETF는 2%, 1% 하락하면 2% 하락한다. 중요한 것은 '하루 단위'라는 점이다. 기간 전체의 2배 수익률을 보장하지 않는다. 예를 들어 코스피가 3,000 → 2,850(하락) → 3,000(회복)을 반복하면, 지수는 제자리지만 레버리지 ETF는 손실을 입는다. 상승 일에는 포지션을 늘리고, 하락 일에는 줄이기 때문이다. 즉, 비쌀 때 사고 쌀 때 판다. 이 구조는 손실을 누적시킨다. 이를 경로 의존성(Path Dependence)이라고 한다.

지수가 5일간 2%씩 오르면 이론상 10% 상승, 레버리지는 20% 이상이 될 수 있다. 그러나 중간에 하루라도 -2%가 끼면 수익률은 급격히 줄어든다. 실제로 2025년에는 상승의 가속페달을 보여주었다. KOSPI 지수가 4월 저점에서 10월 4,100포인트까지 쉬지않고 상승하는 과정에서 KODEX200 레버리지 ETF는 240% 수준의 상승을 보였다. 지수상승률의 두 배를 훨씬 넘었다. 그러나 2021년 고점 이후 주가 하락과 반등의 4년 기간에는 코스피 지수가 제자리로 돌아왔지만, KODEX200 레버리지 ETF는 16% 손실을 기록했다.

결론은 명확하다. 레버리지는 방향이 뚜렷한 단기 상승 구간에서만 유효한 전술 상품이다. 장기 보유에는 적합하지 않다. 시장이 아니라 구조 때문이다.

▶ 인버스 ETF: 하락장의 방패, 그러나 복리의 적 ◀

인버스 ETF는 지수가 하락할 때 수익을 낸다. 코스피가 -1% 하락하면 인버스 ETF는 +1% 오른다. 레버리지처럼 하루 단위 추종이다. 문제는 상승과 하락이 섞인 장세에서 손실이 누적된다는 점이다. 인버스 ETF 역시 경로 의존 구조를 갖는다.

2025년 1~9월 코스피가 2,550포인트에서 3,650(+43%)포인트로 상승하는 동안, KODEX 인버스는 -29%, KODEX 선물인버스2X는

-52%를 기록했다. 인버스는 지수가 내릴 때 포지션을 늘리지만, 반등 시 더 큰 손실을 본다. 복리 효과가 손실을 확대시키는 것이다. 결론적으로 인버스는 하락장 대응에만 쓰는 단기 헤지용 수단이다. 장기 보유는 손실을 키우는 전략이다.

▶ 커버드콜 ETF: 완만한 시장에서 현금 흐름을 만드는 전략 ◀

커버드콜 ETF는 지수를 추종하면서 동시에 콜옵션을 매도해 프리미엄(옵션 수익)을 얻는 구조다. 요약하면, 급등장에서는 수익 일부가 제한되고, 횡보나 완만한 상승장에서는 안정적인 현금 흐름을 확보한다.

예를 들어 TIGER 코스피커버드콜, KODEX200 커버드콜ATM 등은 지수를 추종하면서 ATM(등가격) 콜옵션을 매도한다. 2025년 상반기 코스피 급등기에는 ETF 수익률이 약 +10%(지수의 절반 수준)에 그쳤지만, 8~9월 조정기에는 오히려 +4~6% 수익을 기록했다. 배당과 옵션 프리미엄을 합치면 연 12~15% 수익 가능성도 있다. 이 구조의 핵심은 가격이 움직이지 않아도, 시간이 돈이 되는 구조를 만든다는 점이다. 그러나 단점도 분명하다. 급등장에서는 콜옵션 매도자가 손실을 보고, 급락장에서는 주가 하락의 영향을 그대로 받는다.

따라서 커버드콜 ETF는 완만한 상승이나 횡보장에서 최적화된 전략이다. 목표는 공격적 수익이 아니라 손실 완화 + 현금 흐름 확보다. 장기 투자자, 특히 연금형·배당형 포트폴리오에는 적합하지만, 단기 급등을 노리는 투자자에게는 맞지 않는다. 정리하면, 가격을 예측할 수 없다면, '시간을 펀드시오'다. 커버드콜 ETF는 이 철학을 가장 잘 구현한 상품이다.

ETF 활용의 현실적 전략: 코어와 새틀라이트 포트폴리오 구성법

ETF 투자에서 중요한 것은 '무엇을 사느냐'보다 '어떻게 구성하느냐'다. 2025년 한국 증시는 단순한 회복이 아닌 구조적 상승 초입 단계에 들어섰고, 이런 흐름 속에서 ETF는 단순한 투자 수단을 넘어 전략적 포트폴리오의 기본 단위가 되었다. 특히 코어(Core)와 새틀라이트(Satellite)로 나누는 구성 방식은 시장 전체 수익(베타)과 산업별 초과 수익(알파)을 동시에 추구할 수 있는 합리적인 전략으로 자리잡고 있다.

▶ 코어 전략: 시장 전체의 방향을 담다 ◀

코어 전략은 한국 주식시장 전체의 체력을 담는 기둥이다. 시장 전체가 오른다고 믿을 때, 그 평균을 안정적으로 확보하는 것이 출발점이다. 대표적인 코어 ETF로는 KODEX200, TIGER 코스피200, ACE 코스닥150이 있다. 이들은 유동성이 풍부하고 추적 오차가 작아 실제 지수 움직임과 거의 일치한다. 주식시장의 상승세가 이어지면서 2025년 10월에 코스피는 사상 최고치인 4,100포인트에 올라섰고, 코스닥도 900포인트 수준을 보이고 있다. 4월 저점 대비해서는 KODEX200은 85%, ACE 코스닥150은 45% 수준 상승했다. 이는 단순한 종목 급등이 아니라, 한국 시장 전체의 회복력을 보여주는 지표다.

코어 ETF의 가장 큰 장점은 불확실성에 대한 방어력이다. 개별 종목은 실적 부진이나 돌발 이슈로 급락할 수 있지만, 시장 전체를 담는 ETF는 국가 경제의 복원력에 따라 움직인다. 코스피200과 코스닥150을 혼합하면 대형주의 안정성과 중소형주의 성장성을 동시에 확보할 수 있다. 예를 들어 코스피200 60%, 코스닥150 40% 비중으로 포트폴리오를 구성하면, 삼성전자·현대차 같은 대기업의 실적 회복과 AI·이차전지 등 신산업의 성장성을 함께 담을 수 있다.

ETF 배당금은 자동으로 재투자되어 복리 효과를 일으킨다. KODEX200의 배당수익률은 1.6% 수준에서 2025년 들어 1.9%까지 상승할 전망이다. 장기 투자자에게 이보다 단순하면서도 확실한 방법은 드물다. 중요한 건 타이밍이 아니라 지속성이다. 매월 정기 매수(적립식)와 반기 또는 연 1회 리밸런싱만으로도 시장의 흐름을 따라가며 변동성을 흡수할 수 있다. 코어 전략은 곧 '시장 체력'을 내 포트폴리오로 옮겨오는 작업이다.

▶ 새틀라이트 전략: 알파를 얹는 날개 ◀

코어가 시장 방향을 잡는 기둥이라면, 새틀라이트는 그 위에 성장 모멘텀을 얹는 날개다. 즉, 시장 상승을 전제로 특정 산업의 초과 성장에 베팅하는 전략이다. 2025년은 과거와 다르다. 예전에는 삼성전자나 이차전지를 중심으로 시장이 움직였지만, 지금은 반도체, AI, 리츠, 친환경 등 여러 산업이 동시에 오르는 다핵형 상승장이 펼쳐지고 있다. 새틀라이트 전략은 이런 구조적 순환을 능동적으로 포착하는 가장 효과적인 방식이다.

대표적인 섹터형 ETF로는 TIGER 반도체, KODEX 이차전지산업, SOL AI코리아, HANARO K리츠 등이 있다. 반도체 ETF는 메모리 및 AI 반도체 업황 반등을 반영하며, 이차전지 ETF는 IRA 수혜와 공급망 안정화에 따라 회복세를 보이고 있다. AI ETF는 생성형 AI 생태계의 확장에 올라타고, 리츠 ETF는 금리 인하 수혜와 고배당 매력으로 다시 주목받고 있다. 이러한 산업별 ETF를 포트폴리오의 20~30% 비중으로 코어 위에 얹는 방식은 '한국형 바벨 전략(K-Barbell Strategy)'이라 할 수 있다. 한쪽에는 시장의 안정성, 다른 한쪽에는 섹터의 탄력성을 담는 것이다.

하지만 주의할 점도 있다. 섹터가 꺾이면 수익률이 빠르게 악화되므로, 비중 조절과 교체 시점이 무엇보다 중요하다. 분기 단위 리밸런싱은 필수이며, 시장 상황에 따라 ETF 자체보다 ETF 간 교체 타이밍이 수익률에 더 큰 영향을 미칠 수 있다. 결국 새틀라이트는 시장 상승의 온도를 조절하는 손잡이다. 너무 뜨거우면 화상을 입고, 너무 늦으면 기회를 놓친다.

▶ 전술형 전략: 변곡점에서의 대응력 ◀

마지막 축은 전술형 전략이다. 레버리지, 인버스, 커버드콜 ETF는 수익률을 보완하거나 변동성 구간에서 위험을 줄이기 위한 보조 엔진 역할을 한다. 예를 들어 금리 인하 기대 구간에서는 KODEX200 레버리지, 단기 과열 조정이 예상되는 시점에는 TIGER 인버스, 그리고 횡보장이나 완만한 상승장에서는 KODEX 커버드콜ATM을 활용할 수 있다.

하지만 전술형 ETF는 예측보다 대응을 위한 자산이라는 점을 잊어선 안 된다. 진입과 청산 기준이 명확하지 않으면 단기 대응이 오히려 장기 성과를 해칠 수 있다. 따라서 전체 자산의 10% 이내에서 제한적으로 운용하고, 목표 수익률이나 보유 기간을 사전에 정해두는 것이 바람직하다.

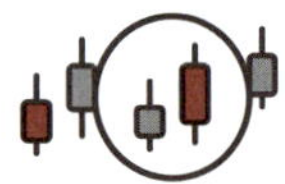

유망 종목은
이렇게 선정해야 한다

가격에는 시장 정보가 반영되어 있다

개인 투자자는 언제나 한정된 정보와 시간 속에서 투자한다. 시장은 모든 정보를 반영하지만, 그 정보를 해석하는 속도와 능력은 제각각이다. 문제는, 시장이 모든 정보를 반영한다고 해서 모든 투자자가 그 정보를 동등하게 활용할 수 있는 것은 아니라는 점이다. 뉴스·공시·리포트는 실시간으로 쏟아지지만, 그것을 받아들이는 속도는 다르다. 외국인은 초단타 알고리즘으로 수십 개국의 데이터를 동시에 분석하고, 기관 투자자는 애널리스트의 보고서를 매일 업데이트받는다. 그러나 개인은 대부분 퇴근 후 뉴스를 보고, 증권사 HTS 화면을 열어 시장을 복기한다.

이 시차가 바로 '정보 비대칭'의 본질이다. 주가를 결정하는 요인을 펀더멘탈, 수급, 그리고 센티멘탈이라고 설명하는 경우가 있다. 일리가 있다. 외국인, 기관 그리고 개인으로 이루어진 시장에서 개인이 외국인과 기관과 동일한 정보를 가지고 있고, 그 정보를 해석할 능력도 별반 차이가 없다고 가정하는 것은 무모하다. 각종 공시 제도로 보완하지만, 개인 투자자는 본질적으로 정보 비대칭을 전제해야 한다. 정보 비대칭이 없다고 하면 오히려 개인은 그것을 해석하고 활용하는 데 하루 24시간이 부족할 것이다.

이 말은 단순히 인덱스 투자를 하라는 뜻이 아니다. 전문 투자자처럼 시장을 분석할 시간이 없다면, 시장을 거스르지 말고 그 방향을 따라가는 전략이 현명하다는 뜻이다. 예를 들어, 삼성전자·현대차·포스코홀딩스처럼 업종을 대표하는 기업들은 단기적으로 흔들려도 결국 산업의 본류로 회귀한다. 이런 종목들은 시장의 펀더멘털과 신뢰를 함께 반영하기 때문에 장기적으로 평균 이상의 수익률을 준다. 결국 개인 투자자의 한계를 인정하고, 그 대신 시간을 편에 세우는 전략이 필요하다. 빠르게 이기려 하지 말고, 길게 남는 쪽을 선택해야 한다.

업종 대표주 중심으로

개인 투자자가 평균적인 수익 대신 높은 투자 성과를 기대한다면,

업종 대표주, 소위 '일등주'만을 투자 대상으로 삼는 것이 유용한 전략이 될 수 있다. 평상시에는 법정화폐를 쌓는 대신 일등주를 모아두는 것이다. 그리고 기회가 왔을 때, 즉 시장이 흔들릴 때 적극적으로 투자하는 전략이 필요하다.

일등주는 각 업종별 시가총액 1위 기업을 뜻한다. 반드시 수익률이 일등을 하는 것은 아니지만, 높은 확률로 투자 성과가 좋다. 한국 시장은 구조적으로 '1등 중심'으로 움직인다. 외국인 자금은 업종 1~2위 종목으로 먼저 들어오고, 국내 기관의 포트폴리오도 이를 기준으로 짜인다. 결국 주도주는 언제나 일등주다.

좋은 종목을 좋은 가격에 매수하는 것은 이상적인 투자지만, 현실적으로는 위기 상황에서만 가능하다. 금융위기 직후, 코로나 팬데믹 초기, 그리고 2022년 고금리 충격기 때가 그랬다. 당시 삼성전자, 현대모비스, 두산에너빌리티, 한화에어로스페이스 등 주요 기업을 매수한 개인은 지금 상당한 수익을 누리고 있다. 위기 속에서 싸게 매수한 이들이 결국 시장의 승자가 되었다.

그러나 대부분의 개인 투자자는 정반대로 움직인다. 시장이 불안할 때는 '더 떨어지면 어쩌지?'라는 두려움에 매도를 고민하고, 버블이 형성되면 오늘 안 사면 놓칠 것 같다는 조급함에 충동 매매를 한다. 이러한 감정의 굴레에서 벗어나지 못하면, 아무리 좋은 종목을 골라도 결과는 같다. 좋은 종목을 나쁜 시점에 매수하는 것이다. 결국 투자는 정보의 싸움이 아니라 심리의 싸움이다.

대다수의 개인 투자자는 스스로 정보를 해석하고 판단해야 하는

데, 경험적으로는 항상 늦는다. 뉴스에 나오고 모두가 아는 시점은 이미 가격(상승 또는 하락)에 반영된 뒤다. 그래서 '소문에 사고, 뉴스에 팔라'라는 말이 생긴 것이다. 시장은 이미 모든 정보를 가격에 반영하고 있고, 개인이 이를 뛰어넘기란 쉽지 않다.

세상에 공짜는 없다. 제품이나 서비스의 가격이 그렇듯, 주식시장에서도 싸고 좋은 종목은 존재하지 않는다. 본업과 일상에 대부분의 시간을 써야 하는 개인 투자자가 시장 대비 초과 수익을 꾸준히 올리기란 통계적으로 어렵다. 누군가에게는 가능할지 몰라도, 전체적으로 모두가 싸고 좋은 주식을 사서 부자가 되는 일은 없다. 그것이 금융시장의 본질이다.

좋은 종목을 고르는 눈보다 더 중요한 것은, 나쁜 시점에 사거나 팔지 않는 인내다. 위기 때 사서, 조급한 수익 실현을 참을 줄 아는 투자자만이 장기적으로 승자가 된다. 결국 시장을 이기는 방법은 단순하다. 업종 대표주를 중심으로, 위기 때 기회를 잡고 기다리는 것이다.

경쟁력 있는 종목의 선택

그렇다면 일등주가 아닌 종목 중에서 경쟁력 있는 종목을 고르는 방법은 무엇일까? 이 영역에서는 논리보다 직관, 데이터보다 통찰이 필요하다. 세상의 변화와 산업의 흐름 속에서 투자자의 감각과 경험이 작동해야 한다. 논리적으로 설명이 가능하다면 좋겠지만, 그렇지 않더라도 '왜 이 기업인가'에 대한 스스로의 판단이 있어야 한다. 다만 이런 종목은 위험이 크기 때문에 투자 비중을 높이지 않는 것이 바람직하다. 그야말로 고위험·고수익의 영역이기 때문이다.

한국의 주요 산업인 방산, 조선, 이차전지, 반도체 안에서도 '틈새시장'은 존재한다. 예를 들어 한화시스템은 방산과 위성통신이라는 두 축을 결합해 새로운 성장 축을 만들고 있고, 조선업 내에서도 LNG 운반선이나 친환경 선박 기술에 집중한 기업들은 글로벌 독점적 지위를 확보했다. 이런 기업들은 규모는 크지 않지만, 특정 기술이나 공정에서의 차별성이 뚜렷하며, 압도적인 우위를 보인다. 시장 점유율이 낮더라도 '그 분야에서 빠질 수 없는 존재'라면 충분히 투자할 이유가 된다.

결국 중요한 것은 작지만 강한 경쟁력이다. 산업 구조가 빠르게 바뀌는 시대에는 거대한 기업보다 변화에 민첩하게 대응하는 기업이 기회를 잡는다. 다만 이런 기업들은 실적 변동성이 크고 주가가 출렁이기 쉬워, 전체 자산 중에 큰 비중을 두기보다는 미래 10~20년을 보고 소액으로 분산 투자하는 접근이 합리적이다.

한국 산업은 여전히 제조 기반이 강하고, 정부 정책과 수출 환경에 따라 업종 간 희비가 크게 엇갈린다. 이 점을 감안하면 정책 수혜와 산업 구조 전환이 동시에 맞물리는 교차점을 찾아야 한다. 다시 말해, 정부가 키우는 산업, 기업이 이기는 시장을 찾는 것이 핵심이다.

개인 투자자 입장에서는 한 가지 더 명심해야 할 점이 있다. 시장은 이미 모든 정보를 가격에 반영한다는 점이다. 전문 투자자는 개인보다 더 빠르고 정확한 정보와 분석력을 가지고 있다. 그러므로 개인 투자자가 단편적인 뉴스나 소문, 또는 자신의 감각만으로 시장을 예측하는 것은 매우 위험하다. 스스로의 분석과 통찰이 뒷받침되지 않는 한, 확신은 오히려 리스크가 된다.

금융·증권업 역시 마찬가지다. 이들은 정부가 부여한 독점적 지위를 바탕으로 예대 마진과 수수료 수익을 얻고 있지만, 이러한 수익 구조가 언제까지 유지될 수 있을지는 불확실하다. 산업의 변화 속에서 기존의 '안전지대'가 무너질 수도 있다. 따라서 경쟁력 있는 종목의 선택은 '지금 강한 기업'이 아니라, '앞으로 더 강해질 기업'을 찾는 과정이어야 한다.

성장주의 종목 투자 방법

주식 투자를 한다면 두 가지 길이 있다. 평균적인 수익률을 받아들이며 시장 전체를 사거나, 그렇지 않다면 '게임체인저'를 선택하는 것이다. 게임체인저는 기존 질서를 바꾸는 기업이다. 모두가 주목하지 않는 분야에서 등장해 산업의 판도를 바꾸고, 매우 높은 투자 성과를 가져올 수도 있다. 그러나 문제는 개인이 그 게임체인저를 미리 예측하고 선별할 수 있느냐이다. 현실적으로는 쉽지 않다. 그래서 많은 투자자들이 평균 투자(ETF, 업종 대표주)를 기본으로 하되, 여기에 미래 성장 산업을 일부 편입하는 방식을 택한다.

한국 경제를 이끌어온 반도체가 앞으로도 주도할까? 조선, 방산, 원자력이 다시 산업의 중심이 될까? 혹은 K-컬처와 K-뷰티가 새로운 수출 주력으로 자리 잡을까? 그 답은 결국 시간이 말해줄 것이다. 그러나 시장은 언제나 그 시간을 기다려주지 않는다. 투자자의 역할은 그 시간보다 먼저 움직이는 것이다. 미래 20년의 산업 구조를 상상하고, 변화의 방향을 예측해야 한다.

많은 투자자들이 'AI와 로봇이 세상을 바꿀 것이다'라고 말한다. 맞는 말이다. 그러나 그 사실은 이미 모두가 알고 있고, 따라서 상당 부분 주가에 반영되어 있다. 성장주는 무엇을 사느냐보다 얼마에 사느냐가 중요하다. 예를 들어 시장이 한 기업의 매출이 매년 40%, 이익이 30% 성장할 것으로 기대하고 있다면, 투자자는 그것보다 높은 50%, 40% 성장을 확신할 때만 매수할 이유가 생긴다. 반대로 실제 성장률이 시장의 기대보다 낮으면, 아무리 좋은 산업과 좋은 기업이라도 손실을 본다.

많은 투자자들이 '좋은 종목을 샀는데 왜 손실을 봤을까?'라고 묻는다. 그 이유는 단순하다. 이미 시장이 '좋음'을 선반영했기 때문이다. 성장주 투자의 핵심은 시장이 예상하는 성장의 크기와, 내가 믿는 성장의 크기 사이의 차이다. 그 간극이 바로 수익이 된다. 성장이 다 같은 성장이 아니다. 결국 성장주 투자는 기대와 현실의 싸움이다. 시장의 기대치를 정확히 읽고, 그보다 앞서 생각할 수 있어야 한다. 그리고 그 과정에서 일등주를 꾸준히 모으고, 위기 때 매수하며, 평균 수익률을 쌓아가는 전략이 개인 투자자가 시장을 이길 수 있는 가장 현실적인 길이다.

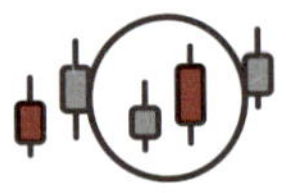

반도체:
AI 시대의 필수 인프라

한국 주식시장에서 가장 주목받는 업종은 어디일까? 업종마다 대표 기업이 존재하고, 그 기업들의 주가 흐름을 살펴보면 지난 10년간 산업의 성장과 침체를 함께 읽을 수 있다. 투자는 마치 빵집에 들어가 빵을 고르는 일과 비슷하다. 배가 고프다고 해서 모든 빵을 살 필요는 없다. 내가 먹어본 빵, 맛있어 보이는 빵을 중심으로 필요한 만큼만 사면 된다. 주식도 마찬가지다. 주가지수 전체를 사는 대신, 개별 종목에 투자한다면 선택과 집중이 필수다. 만물상처럼 모든 종목을 담기보다는, 향후 성장성과 안정성이 확인된 산업에 초점을 맞춰야 한다. 이번에는 '시장을 이끄는 업종'을 하나씩 맛보기로 살펴본다. 그 첫 번째는 단연 반도체다.

삼성전자: 다시 시장의 중심으로

대한민국 국민이라면 누구나 삼성전자를 최고의 종목으로 꼽는다. 하지만 실제 매매에서는 의외로 쉽게 다가서지 못하고, 오히려 피하는 경우가 많았다. 지금도 많은 투자자에게 삼성전자는 '믿음직하지만 답답한 주식'으로 여겨진다. 그 인식은 어제오늘의 일이 아니다. 외환 위기 이후 개인들은 빠르게 움직이는 중소형주로 몰렸고, 안정적이지만 재미없는 삼성전자는 자연스럽게 관심 밖으로 밀려났다.

2000년대 초반, 기관 투자자들의 운용 환경도 삼성전자에 불리했다. 당시 국내 기관은 한 종목에 자산의 10% 이상을 담을 수 없다는 규정에 묶여 있었다. 시가총액 비중이 이미 10%를 넘은 삼성전자를 충분히 편입할 수 없었던 것이다. 그러다 2004년경 규제가 완화되면서, 지수 비중만큼 보유가 허용되었고 기관들은 삼성전자를

그림 2-9 | 삼성전자 10년 주가 흐름(2025년 10월 31일 기준)

삼성전자	주가	시가총액	PER	PBR
	107,500원	727.5조 원	21.72배	1.86배

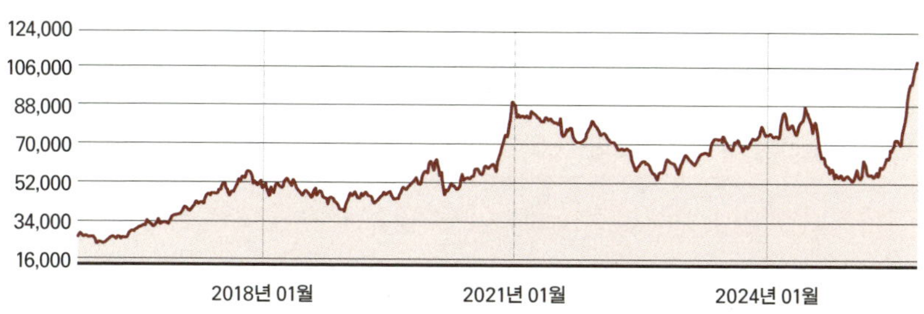

본격적으로 편입하기 시작했다. 그 시기 삼성전자는 외환위기 이후 빠르게 경쟁력을 회복하며, 반도체와 휴대폰 사업에서 세계 1위로 올라섰다. 1998년부터 2005년까지 삼성전자는 시장 수익률을 꾸준히 크게 초과 달성했다.

2005년 S증권은 이러한 시장 분위기에 맞춰 '원탑(One-Top)'이라는 파생결합증권을 발행했다. 삼성전자의 수익률이 주가지수보다 10% 이상 부진하지 않으면 연 8%의 확정 수익을 제공하는 상품이었다. 당시로서는 고금리 예금처럼 보였다. 그런데 세상일은 늘 아이러니하다. 1,000포인트 미만이던 종합주가지수가 2,000포인트로 두 배 오르는 동안 삼성전자는 오히려 제자리걸음이었다.

2020년 코로나19 이후 대형 우량주로 자금이 쏠리면서 삼성전자는 '국민주'의 상징이 되었다. 개인 투자자들이 대거 매수에 나서며 2021년 초 주가는 한때 9만 원을 돌파했다. '10만 전자'의 꿈이 현실이 될 것 같았지만, 글로벌 반도체 공급 과잉과 긴축 여파로 주가는 다시 6만 원대로 밀렸다. 기대와 실망이 교차한 그 긴 시간은 '7만 전자'라는 별명으로 남았다.

하지만 2025년 들어 상황은 달라졌다. AI 반도체 수요가 폭발적으로 늘고, 서버·데이터센터용 DRAM과 NAND 가격이 반등했다. 삼성전자는 HBM3E(12단) 양산을 본격화하며 그동안 SK하이닉스에 밀렸던 HBM 시장 점유율을 다시 끌어올리고 있다. AI 반도체 패키징에 필수적인 I-Cube, X-Cube, H-Cube 같은 3차원 적층 기술을 강화하며 메모리와 시스템 반도체를 결합한 통합 반도체 기업으로의 변신도 빠르게 진행 중이다.

2025년 3분기 분기 매출은 사상 최대를 기록했고, 영업이익은 약 12조 원을 넘었다.[10] 메모리 가격 상승, HBM 출하 확대, 파운드리(위탁생산) 수주 증가가 맞물린 결과다. 한동안 '지수는 오르는데 혼자 오르지 않던 주식'이었던 삼성전자가 이제는 지수 상승을 이끌어가는 종목으로 돌아왔다.

SK하이닉스: 부침을 넘어 AI 중심으로

1983년 현대전자로 설립되어, 1999년 LG반도체와 합병을 거쳐 2001년 '하이닉스반도체'로 사명을 바꿨다. 이후 2012년 SK그룹에 편입되며 지금의 이름이 되었다. 한국 반도체 산업과 흥망성쇠를 함께한

그림 2-10 | SK하이닉스 10년 주가 흐름(2025년 10월 31일 기준)

SK하이닉스	주가	시가총액	PER	PBR
	559,000원	436.7조 원	19.46배	5.21배

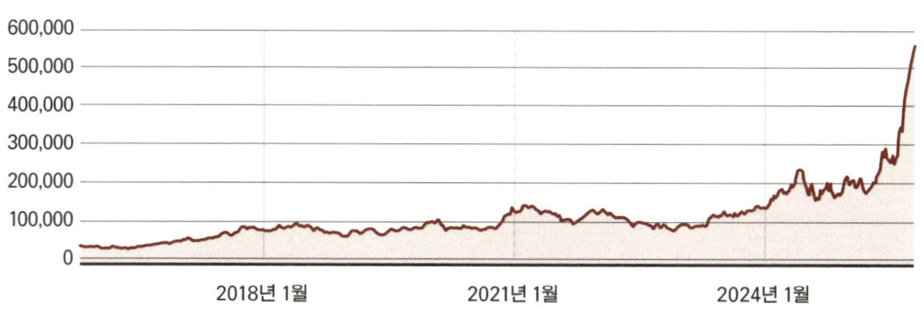

대표적 기업으로, 수많은 투자자에게 기쁨과 눈물을 동시에 안긴 종목이다.

메모리 반도체 분야에서 삼성전자와 함께 글로벌 1·2위를 다투며, 특히 AI 반도체용 HBM3E를 엔비디아, AMD 등 글로벌 빅테크 기업에 공급하며 가파른 성장을 이어가고 있다. 최근에는 HBM 시장 점유율 50%를 넘기며[11] 삼성전자의 자리를 위협할 정도로 존재감을 키우고 있다.

무엇보다 지금 하이닉스가 주목받는 이유는, 단순한 매출 증가가 아니라 AI 시대의 핵심 부품을 공급하는 회사로 체질이 바뀌었기 때문이다. 과거 PC·스마트폰용 D램 중심에서 벗어나, 고부가가치 HBM과 서버용 메모리의 비중이 급격히 늘고 있다. 덕분에 수익성이 개선되고, 실적 변동성도 줄어드는 '질적 성장 구간'에 들어섰다.

AI 확산 속에서 하이닉스는 엔비디아 등 주요 고객과 협력을 강화하고, 청주 M15X와 용인 클러스터에 대규모 투자를 이어가고 있다. AI 수요 확대 → 고마진 제품 확대 → 실적 레벨업으로 이어지는 선순환 구조 속에서, 하이닉스는 이제 단순한 반도체 기업이 아니라 AI 인프라를 움직이는 메모리 리더로 평가받고 있다.

한미반도체: HBM 열풍의 진짜 수혜자

1980년에 설립된 국내 대표 반도체 장비 전문 기업이다. 반도체 패

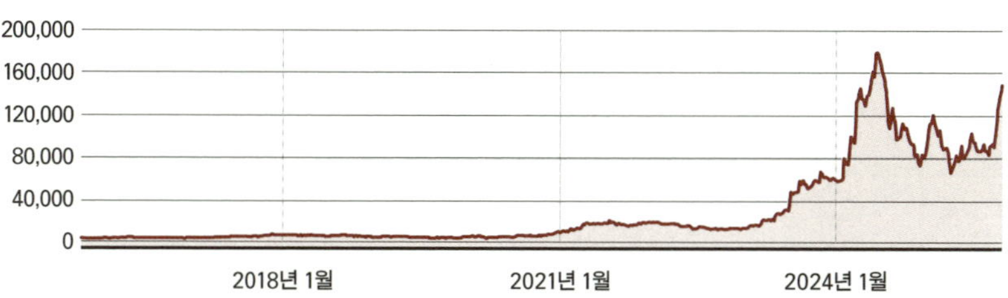

한미반도체	주가	시가총액	PER	PBR
	143,700원	13.6조 원	90.43배	25.22배

키징 및 검사 장비를 주력으로 하며, HBM 적층 공정에 필수적인 TC 본더(열압착 본더) 기술로 글로벌 시장을 선도하고 있다. 한미반도체의 TC 본더는 SK하이닉스, 삼성전자, TSMC 등 글로벌 주요 업체에 공급되며, 세계 시장 점유율 약 80% 수준을 기록하고 있다. 이 회사는 중소형주 가운데 드물게 장기 상승세를 이어가며 'AI 반도체 수혜주'의 대표 주자로 평가받는다. 지난 3년간 주가가 5배 이상 상승하며 기술 경쟁력과 성장성을 입증했다.

한미반도체가 주목받는 이유는 AI 반도체의 성장세가 곧 회사의 성장과 직결되기 때문이다. HBM은 여러 층의 메모리를 쌓는 구조라, 그 공정에 필요한 TC 본더 수요가 폭발적으로 늘고 있다. 즉, AI가 커질수록 한미반도체의 시장도 커지는 구조다. 여기에 HBM4 등 차세대 제품에 맞춘 신형 본더 공급이 본격화되면서, 실적 성장의 두 번째 물결이 예상된다. 기술 진입장벽이 높고 주요 고객 의존도가 분산되어 있다는 점도 장기 성장에 긍정적이다.

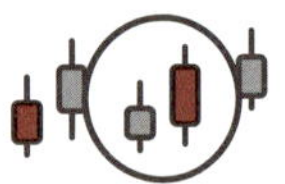

AI:
산업 전반을 재편하는
초격차 기술

AI 산업은 지금 가장 뜨거운 키워드다. 시장의 거의 모든 주제가 AI로 연결될 정도로, 이미 '과열'을 넘어 실체를 구축해 가는 국면에 있다. 앞서 살펴본 것처럼, AI 생태계의 초점은 한때 반도체에 맞춰져 있었다. AI 연산 능력과 데이터 처리 속도를 결정짓는 핵심 부품이기 때문이다. 하지만 이제 AI 산업의 중심축은 점차 반도체에서 인프라와 서비스로 이동하고 있다. AI가 실제로 작동하기 위해서는 막대한 전력과 저장공간, 그리고 이를 연결하는 데이터센터·통신망이 필수적이다. 이 기반 위에서 로봇, 소프트웨어, 플랫폼 서비스가 결합되며 산업 전반이 빠르게 진화하고 있다.

국내에서도 이러한 변화가 뚜렷하다. 정부는 2025년부터 2030년까지 약 16조 원 규모의 AI 인프라 투자 계획을 발표했고, 대형 데이터센터 건립, 국산 AI 반도체 육성, GPU 확보 등이 주요 과제로 추진 중이다. AI 기본법 통과로 제도적 기반이 마련되면서, 산업 전반에서 AI 인프라와 서비스 기업의 성장세가 두드러지고 있다. 2025년 한국 AI 시장 규모는 약 3조 4천억 원으로, 전년 대비 12% 이상 확대될 전망이다.[12]

특히 최근에는 엔비디아가 2030년까지 국내 기업과 정부에 26만 대의 AI GPU(Blackwell 시리즈 포함)를 공급하겠다고 발표하면서, 국내 AI 인프라 확대가 단순한 계획이 아니라 본격 실행 단계에 진입했다는 신호가 확인되었다.[13]

이제 AI는 단일 기술이 아니라, 산업의 구조와 흐름을 바꾸는 인프라가 되었다. 반도체가 토대를 마련했다면, 앞으로의 경쟁은 누가 AI 생태계를 구현하느냐로 옮겨가고 있다. 따라서 투자자 역시 'AI를 말하는 기업'이 아니라, 'AI를 실질적으로 활용하고 산업 전반에 확장시키는 기업'을 봐야 한다.

LS ELECTRIC: AI 인프라 및 데이터센터 관련주

LS ELECTRIC은 단순히 전력기기를 생산하는 회사가 아니다. AI 시대의 전력 수요와 효율 문제를 해결하기 위해 스마트 전력, 스마트팩토리, 스마트그리드 등 AI 기술을 접목한 지능형 전력 인프라 솔루션을 개발하고 있다. AI 데이터센터의 급증과 함께 전력망의 자동

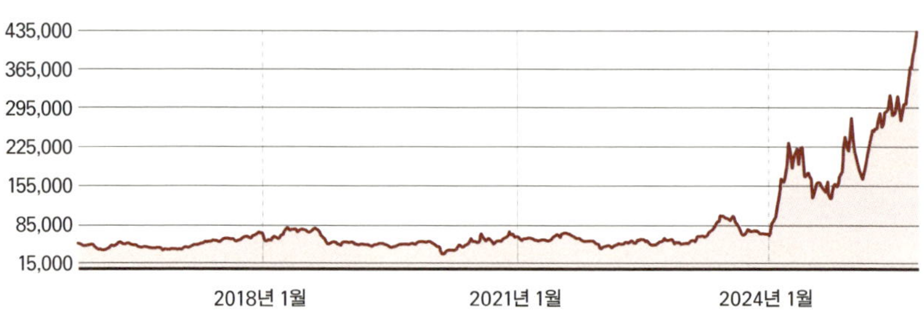

	주가	시가총액	PER	PBR
LS ELECTRIC	435,000원	12.9조 원	90.43배	7.03배

제어, 에너지 효율화, 재생에너지 통합 관리 시스템이 새로운 성장 동력으로 부상하고 있다.

이 기업은 전통적인 전력 관련 기기 제조기업에서 AI 기반의 에너지 디지털화 기업으로 진화하고 있다. 특히 북미 지역에서는 신재생 발전소용 변압기와 전력 제어 설비 공급을 확대하며, 전력난 대응과 AI 데이터센터 전력망 구축에서 핵심 역할을 하고 있다.[14] 최근에는 미국의 하이퍼스케일 AI 데이터센터 프로젝트에 전력 인프라 솔루션을 공급하고[15], 글로벌 자동화 기업 Honeywell과 협력해 에너지저장·전력관리 시스템을 공동 개발하며 사업 영역을 확장하고 있다.[16]

이 같은 행보는 단순한 수주 확대가 아니라, 전력 인프라가 AI 산업의 성장과 직결된다는 점을 보여준다. AI 인프라 확충은 곧 '전력망의 지능화'로 이어지며, LS ELECTRIC은 그 교차점에서 AI 시대의 에너지 혁신을 이끌고 있다.

레인보우로보틱스: AI 하드웨어 및 로봇

레인보우로보틱스는 휴머노이드 로봇 전문 기업이다. 한국 로봇 기술력을 세계에 알린 상징적인 기업으로, 삼성전자가 최대 주주로 참여하면서 AI 로봇 산업의 대표주로 부상했다.[17] 이 회사는 AI 제어 알고리즘과 정밀 구동 기술을 결합해 산업용 협동로봇, 서비스 로봇, 자율주행 로봇 등 다양한 제품군을 개발하고 있다. 특히 최근에는 삼성전자의 차세대 로봇·AI 플랫폼과의 연계가 구체화되며, 하드웨어와 AI 반도체가 통합되는 '지능형 로봇 자동화' 영역에서 핵심적인 역할을 맡고 있다.

그림 2-13 | 레인보우로보틱스 상장 이후 주가 흐름(2025년 10월 31일 기준)

레인보우로보틱스	주가	시가총액	PER	PBR
	436,500원	9.4조 원	3,968.18배	63.79배

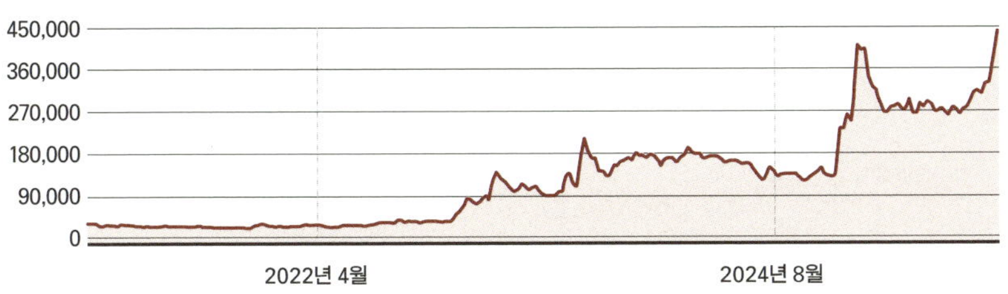

휴머노이드 로봇은 단순한 기계가 아니라, AI가 학습한 데이터를 물리적 동작으로 구현하는 플랫폼이다. AI가 디지털 영역을 넘어 물리적 공간으로 확장되는 전환점에서, 레인보우로보틱스는 그 '움직이는 AI'의 실체를 구현하는 기업으로 주목받고 있다. AI 산업이 더 이상 소프트웨어에 머물지 않고, 사람과 함께 일하고 움직이는 존재로 진화하는 흐름의 중심에 바로 이 기업이 서 있다.

솔트룩스: AI 서비스 및 응용소프트웨어

솔트룩스는 한국을 대표하는 AI·빅데이터 전문 기업으로, 1991년에 설립된 국내 1세대 인공지능 기업이다. 자연어처리(Natural Language Processing, NLP), 음성인식, 지식그래프 등 AI 언어 기술을 오랜 기간

그림 2-14 | 솔트룩스 상장 이후 주가 흐름(2025년 10월 31일 기준)

솔트룩스	주가	시가총액	PER	PBR
	31,850원	4,011억 원	(적자)	5.39배

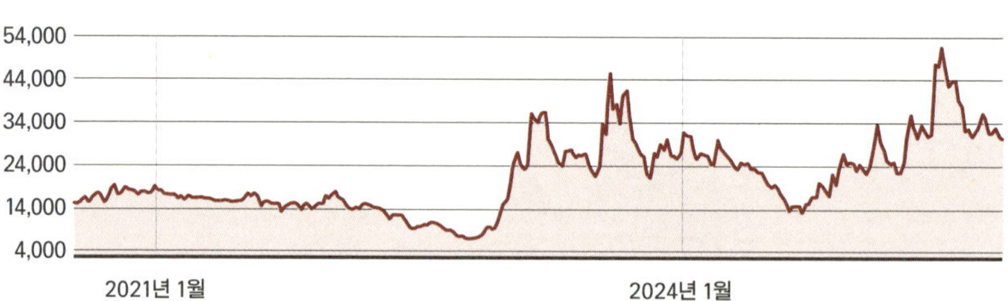

축적해 왔다.

이 회사는 대규모 언어모델(Large Language Model, LLM)을 기반으로 한 기업용 AI 솔루션을 제공하며, 금융기관·공공기관·통신사 등 다양한 산업 분야에서 AI 기반 상담 및 분석 시스템을 구축해왔다. 최근에는 생성형 AI 기술을 접목한 AI 컨택센터(챗봇·음성비서)와 데이터 분석 플랫폼을 통해 시장 영역을 넓혀가고 있다.

솔트룩스는 단순한 AI 기술 공급자를 넘어, AI가 산업 현장에서 실제로 활용되는 '서비스화 단계(AI-as-a-Service)'를 이끌고 있다. AI 산업의 중심축이 하드웨어에서 소프트웨어로 이동하는 흐름 속에서 가장 확실한 국내 대표주로 평가된다.

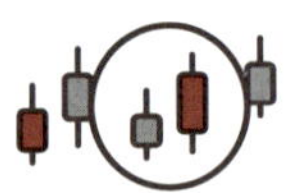

이차전지:
전기차 이후 에너지 패권의 중심

이차전지 산업은 많은 한국인들을 웃고 울게 만든 테마다. 한국 기업들의 기술 경쟁력을 기반으로 성장했지만, 중국의 저가 공세와 미·중 갈등 등 외부 변수에 흔들렸다. 2025년을 앞두고 이 산업이 다시 부활할 수 있을지 모두의 관심이 쏠린다. 대표 기업들의 시가총액은 약 10~100조 원에 이르지만, 이익이 거의 없어 PER을 논하기 어렵다. PBR은 5~9배 수준으로 낮지 않다. 2023년과 2024년 이차전지 관련 종목의 가격 하락은 결국 기대에 미치지 못한 실적 때문이다. 미·중 갈등, 미국의 IRA, 그리고 중국산 LFP(리튬·인산·철) 배터리의 저가 공세가 주요 원인으로 꼽힌다.

한국 배터리 기업들은 고성능의 NCM(니켈·코발트·망간) 배터리에 집중했고, 중국은 가격이 1/3 수준인 LFP 배터리에 무게를 뒀다. 최근 포드, 폭스바겐, 테슬라 등 글로벌 완성차 업체들이 잇달아 LFP 배터리 채택을 선언하면서 중국의 공세가 본격화되었다. 이에 대응해 국내 배터리 3사 역시 LFP 기술 개발에 속도를 내고 있다.

그렇다면 이차전지 산업이 다시 도약하려면 어떤 조건이 필요할까? 전기차 보급 확대와 글로벌 탄소중립 기조의 유지, 그리고 고성능·고안전성을 갖춘 NCM 배터리 중심의 시장 재편이 관건이다. 또한 전고체 배터리 상용화, ESS 시장 선점, 트럼프의 IRA 관련 정책 등도 중요한 테마가 될 수 있다. 특히 기술력 측면에서 한국 기업들이 우위를 점하고 있다. 미·중 갈등이 지속되는 가운데 한국 기업들은 GM, 포드, BMW 등 글로벌 완성차 기업들과 합작 공장을 세우고 장기 공급 계약을 진행 중이다. 북미와 유럽의 생산 기지가 가동되며 IRA의 보조금 수혜 요건도 점차 충족되고 있다. 이는 생산 인프라 확보 측면에서 긍정적인 신호다.

정리하자면 기술 경쟁력은 여전히 유효하고, 국제 정세에 대응한 정책적 준비도 이루어지고 있다. 다만 중국산 광물 및 소재 사용에 대한 제한 조치로 양극재·전해질·흑연 등 주요 소재의 대체가 부담이며, 중국의 LFP 배터리 가격 공세도 여전히 거세다. 같은 맥락에서 미·중 갈등은 한국 기업들에게 리스크이자 동시에 기회다. 한국 증시의 부활을 논하는 지금, 고점 대비 30~70% 하락한 이차전지 종목은 분명 기회의 영역으로 보인다. 하지만 그 기회조차 미·중 갈등이라는 외생 변수에 크게 의존하고 있다는 점도 명확히 인식해야 한다.

LG에너지솔루션: 한국을 대표하는 배터리 제조사

LG에너지솔루션은 LG화학에서 분할되어 설립된 한국 대표 이차전지 기업이다. 2022년 1월, 사상 최대 규모의 IPO로 화제를 모으며 상장 당시 시가총액이 146조 원을 넘었다. 그러나 모회사 LG화학의 주가는 물적 분할 이후 100만 원대에서 60만 원대로 하락했고, 2025년 5월에 20만 원 이하까지 내려갔다가 10월 말일 기준 40만 원대로 회복한 상황이다. 이는 배터리 산업의 변동성과 시장 기대의 조정 과정을 단적으로 보여주는 사례다.

LG에너지솔루션은 원통형·파우치형·각형 배터리 전 영역에서 경쟁력을 확보했다. GM과의 합작사 얼티엄셀즈(Ultium Cells)를 비롯해 미국, 폴란드, 중국, 인도네시아 등에서 생산 거점을 확대 중이며, 전기차뿐만 아니라 ESS용 배터리 시장에서도 입지를 다지고 있다.

그림 2-15 | LG에너지솔루션 상장 이후 주가 흐름(2025년 10월 31일 기준)

LG에너지솔루션	주가	시가총액	PER	PBR
	473,000	110.6조 원	(분기 흑자 전환)	5.24배

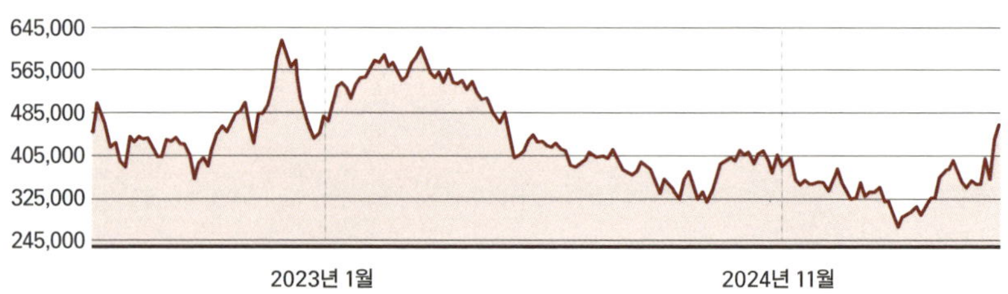

IRA 보조금 정책에 대응하기 위해 북미 공장에서의 현지 생산 비중을 높이는 동시에, LFP 배터리 기술을 자체 개발 중이다. 단기적으로는 실적 변동성이 크지만, 글로벌 톱 3 배터리 메이커로서의 입지는 여전히 견고하다.

포스코퓨처엠: 소재 기술력으로 차별화된 성장

포스코퓨처엠은 2023년, 포스코케미칼에서 사명을 변경하며 포스코그룹 내 이차전지 핵심 소재 기업으로 재정비되었다. 주력 사업은 양극재와 음극재로, 전기차 배터리의 핵심 원재료를 생산한다. 양극재 부문에서는 하이니켈 NCM 계열 제품을 중심으로 LG에너지솔루션, 삼성SDI, SK온 등 주요 배터리 제조사에 공급하고 있다.

그림 2-16 | 포스코퓨처엠의 10년 주가 흐름(2025년 10월 31일 기준)

포스코퓨처엠	주가	시가총액	PER	PBR
	216,500원	19.7조 원	(분기 흑자 전환)	5.82

특히 포스코그룹의 리튬·니켈·흑연 등 원재료 공급망 통합 전략과 맞물려 소재 자급률이 높다는 점이 강점이다. 전남 광양의 양극재 공장, 포항의 음극재 공장 등 국내 생산 거점을 확충하며 원가 경쟁력을 강화하고 있다.

향후 전기차 수요 증가에 따른 양극재 수요 확대, 그리고 글로벌 완성차 업체들의 LFP·NCM 병행 전략 속에서도 기술 기반 소재 기업으로서 안정적 성장이 기대된다.

에코프로비엠: 고니켈 양극재 전문 기업

에코프로비엠은 2016년 에코프로에서 분할 설립된 고니켈 양극재 전문 기업으로, 2019년 코스닥에 상장했다. 니켈 함량이 높은 하이

그림 2-17 | 에코프로비엠 상장 이후 주가 흐름(2025년 10월 31일 기준)

에코프로비엠	주가	시가총액	PER	PBR
	160.000원	16.1조 원	(분기 흑자 전환)	9.13

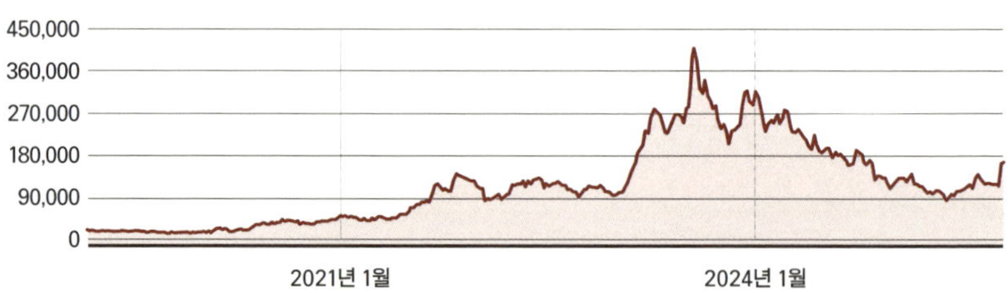

니켈 NCA·NCM 계열 양극재를 주력으로 생산하며, LG에너지솔루션·포스코퓨처엠과 함께 국내 이차전지 3대 핵심 기업으로 꼽힌다.

이 회사는 기술 혁신과 생산 확대로 국내를 넘어 글로벌 공급망에 깊이 관여하고 있다. 충북 청주, 포항, 경북 구미에 대규모 생산라인을 구축했고, 유럽과 미국 진출도 병행하고 있다. 2024년 이후 니켈·코발트 가격 변동성으로 수익성이 악화되었지만, 고성능 배터리 시장이 확대될수록 에코프로비엠의 고에너지 밀도 양극재 기술은 여전히 차별화된 경쟁력을 유지하고 있다.

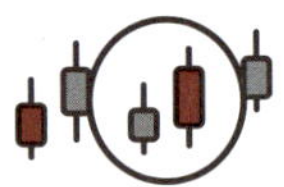

조선:
LNG와 해양플랜트가 여는 슈퍼사이클

조선 산업은 많은 노동력이 필요한 전통적인 제조업이다. 과거 한국은 일본을 제치고 세계 조선 시장의 주도권을 확보했지만, 이후 중국 정부의 전략적 지원으로 중국 조선사의 저가 수주와 국영 기업 위주의 물량 공세에 밀려 경쟁력이 약화되기도 했다. 일각에선 '죽어가는 산업'이라는 평가도 있었다.

하지만 분위기는 바뀌고 있다. 미·중 갈등이 격화되면서 조선업이 다시 주목받고 있다. 미국은 해양 안보를 이유로 우방국 중심의 선박 발주를 확대하고 있으며, 그 수혜가 한국 조선 3사에 이어지고 있다. 동시에 국제해사기구(International Maritime Organizatio, IMO)의 규제로 친환경 선박 수요가 확대되고 있어, 산업 전반이 친환경·고부가가치 중심으로 재편되고 있다.

2025년 들어 조선주는 크게 올랐다. HD한국조선해양의 PER은 20~30배 수준이지만, 다른 조선사는 더 높게 형성되어 있다. 이는 주가가 선반영된 만큼 실적이 이를 따라가야 한다는 부담도 크다는 뜻이다. 한화오션은 방산 분야 수주가 확대되며 주가가 급등했고, 삼성중공업도 해양플랜트와 LNG선 중심으로 재평가받고 있다.

조선업의 묘한 점은, 미·중 갈등이 산업에 호재지만 갈등 완화는 오히려 악재가 될 수 있다는 역설적 구조다. 트럼프 대통령이 재집권한 이후 '미국 우선주의(America First)'를 내세우면서도 동맹의 중요성을 강조하고 있다. 조선 기술과 생산능력 면에서 세계적 경쟁력을 갖춘 우리나라는, 트럼프 대통령의 MAGA(Make America Great Again) 구호를 변형한 MASGA(Make American Shipbuilding Great Again)라는 표현을 전략적 브랜드로 활용하며 한미 동맹과 경제협력을 강조하는 새로운 기회를 맞이하고 있다. 다만 트럼프 대통령이 언제든 '동맹'보다 '비용 절감'을 우선시하는 태도로 선회할 가능성도 있어, 그 변화가 새로운 변수로 작용할 수 있다.

구조적 리스크도 여전하다. 원자재 가격 상승, 환율 변동, 인건비 부담은 조선업 전반의 수익성을 압박할 수 있다. 특히 수주에서 건조, 인도, 매출 인식까지 긴 시간이 필요한 산업 특성상, 중간에 예기치 못한 외부 변수에 흔들릴 가능성도 크다. 게다가 노동집약적 구조로 인해 인력 확보에도 어려움이 따를 수 있다. 산업이 커지고 실적이 좋아지면, 임금 인상 요구나 노사 이슈도 자연스럽게 뒤따를 것이다.

그럼에도 불구하고, 한국 조선업은 여전히 세계 최고 수준의 기술력과 생산 역량을 갖추고 있다. 친환경 선박 전환, 방산 분야 확장, 고부가가치 선박 수요 증가는 조선업을 다시 성장 산업으로 이끌 수 있는 핵심 동력이다. 따라서 조선업 관련 투자를 고려한다면 단기 이슈보다 중장기 수주 흐름, 정책 방향, 지정학적 변수를 함께 고려하는 전략이 필요하다.

한화오션: 방산 + 친환경 선박, 이중 성장 엔진

한화오션은 과거 대우조선해양이었으며, 2023년 한화그룹에 인수된 이후 완전히 다른 기업으로 재탄생했다. 대우조선해양 시절에도 기술력은 우수했지만, 경영 구조 문제로 지속적인 적자를 기록하며

그림 2-18 | 한화오션 10년 주가 흐름(2025년 10월 31일 기준)

한화오션	주가	시가총액	PER	PBR
	137,600원	42.1조 원	83,50배	8.68배

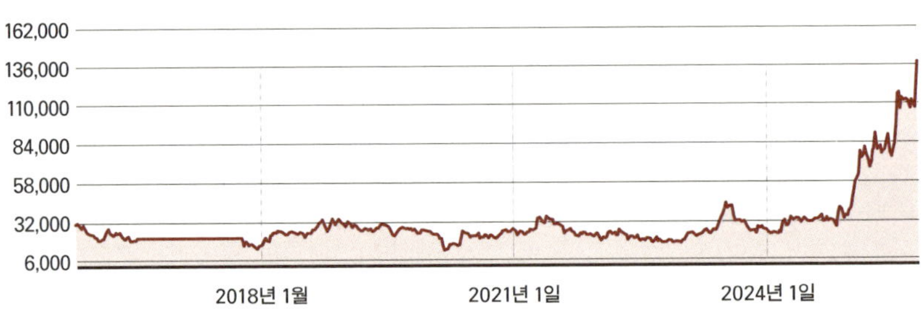

생존 자체가 위협받았다. 그러나 한화그룹이 인수 후 방산과 친환경 선박이라는 두 축을 중심으로 체질 개선에 나서면서, 시장의 기대감은 뚜렷하게 달라졌다.

2025년 들어 한화오션은 실적 회복세가 두드러진다. 6월 말 실적 발표에 따르면 영업이익이 증가하면서 PER은 다소 하락했지만, PBR은 2.36배(2024년)에서 5.84배(2025년 예상치)로 크게 상승했다. 이는 자산 대비 주가가 높게 형성되고 있다는 뜻이며, 그만큼 기업 가치가 재평가되고 있다는 신호로 해석할 수 있다.

특히 주목할 점은 방위 산업 수주의 성장이다. 한화오션은 한화디펜스와 시너지를 통해 군용 함정, 잠수함 분야에서 경쟁력을 확보하고 있으며, 이러한 수주는 통상적인 상선과 달리 경기에 덜 민감하다는 장점이 있다. 여기에 LNG 추진선 등 친환경 선박 수주도 확대되고 있어, 두 개의 성장 축을 동시에 갖춘 기업으로 평가받는다.

HD한국조선해양: 현대중공업 그룹의 중추

HD한국조선해양은 현대중공업그룹의 조선·해양 부문을 총괄하는 중간지주회사다. 현대중공업, 현대삼호중공업, 현대미포조선 등을 자회사로 두고 있으며, 선박 설계·수주·기술 개발을 주도하는 컨트롤 타워 역할을 한다.

2025년 상반기, HD한국조선해양은 영업이익이 전년 동기 대비 약

140% 가까이 급증하며 실적 개선세를 보였다. 3분기 기준으로 예상 영업이익은 9,400억 원 수준에 달하고, 수주 잔고는 약 104조 원으로 국내 조선 3사 중 가장 많다. 수주 잔고란 향후 몇 년간 매출로 전환될 주문 물량을 의미하는데, 이는 곧 기업의 미래 성장 가능성을 보여주는 지표다.

HD한국조선해양은 특히 친환경 대형 선박 분야에서 세계적인 기

그림 2-19 | HD한국조선해양 출범 당시(2019년)의 지배 구조

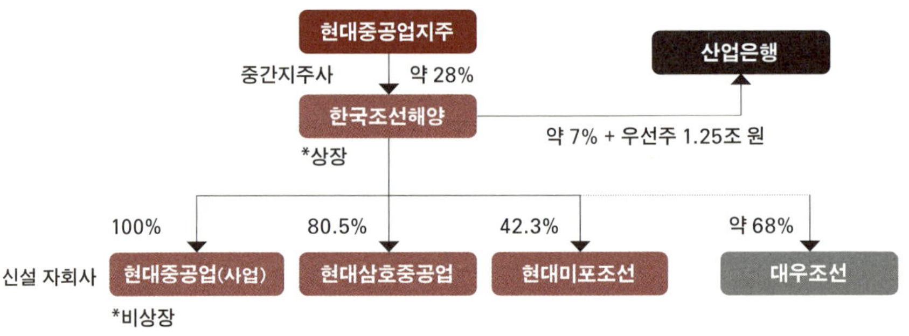

그림 2-20 | HD한국조선해양 10년 주가 흐름(2025년 10월 31일 기준)

HD한국조선해양	주가	시가총액	PER	PBR
	461,500원	33.5조 원	28.59배	3.02배

술력을 보유하고 있다. 암모니아 추진선, 이중연료선, LNG 추진선 등 IMO의 환경 규제에 대응한 선박을 다수 건조하며, 글로벌 선주사로부터 신뢰를 받고 있다. 기업의 PBR과 PER은 경쟁사 대비 낮은 수준이지만, 이는 오히려 저평가 매력으로 해석될 여지도 있다.

삼성중공업: 해양플랜트 재도약과 LNG선 수주

삼성중공업은 전통적으로 해양플랜트 분야에서 강점을 가진 기업이다. 2024년 드디어 흑자 전환에 성공했으며, 2025년 들어 분기 영업이익이 2,000억 원을 넘어서는 등 실적 개선이 눈에 띈다. 상반기 누적 매출은 약 5조 1,000억 원, 영업이익은 약 3,200억 원 수준이다.

그림 2-21 | 삼성중공업 10년 주가 흐름(2025년 10월 31일 기준)

삼성중공업	주가	시가총액	PER	PBR
	29,600원	26.9조 원	394.00배	6.65배

삼성중공업은 LNG 운반선(LNGC)과 FLNG(부유식 LNG 생산 설비) 수주를 통해 성장 모멘텀을 확보하고 있다. 특히 최근 모잠비크 FLNG 프로젝트 예비 계약을 체결하면서 해양플랜트 수주가 다시 활기를 띠고 있다. 이는 삼성중공업이 단순한 상선 중심 기업을 넘어, 에너지 설비와 해양플랜트를 아우르는 종합 해양 엔지니어링 기업으로 전환하고 있음을 보여준다.

다만 수주 부진 우려도 있다. 2025년 발주량 둔화가 본격화되며, 삼성중공업의 LNG선 수주 실적은 당초 목표 대비 절반 수준에 그치고 있다. 그러나 총수주 잔고는 43조 원(약 313억 달러) 수준으로 여전히 견조한 수준이다.

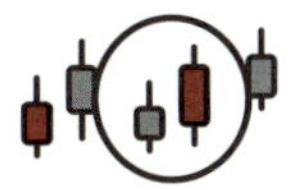

방산:
지정학이 만든
국가 주도 성장 산업

세상은 돌고 돈다. 인명을 해치는 무기를 만드는 방위 산업은 평화로운 시절에는 외면받기 마련이다. 전쟁이 없는 게 바람직하다는 사회적 분위기 속에서 방산주는 오랫동안 시장의 변방에 머물러 있었다. 그러나 시간이 지나며 국지전이 이어지고, 무기를 갖추지 못한 국가가 존재하지 않게 되면서 한국의 방산 산업은 오히려 글로벌한 주목을 받는 상황에 이르렀다.

방산 관련 대표 종목은 무엇이 있을까? 2025년 상반기 기준, 방산주는 전반적으로 조정을 받았다. 이는 테마 산업의 속성에서 비롯된 현상이다. 전쟁 뉴스가 쏟아질 때는 상승하고, 평화적 외교 기류가 감지되면 급락하는 전형적인 심리 테마주의 흐름을 따른 것이다. 러시아·우크라이나 전쟁이 방산주 관심의 출발점이었고, 그 이후 이스라엘·팔레스타인 전쟁, 대만 해협에서의 중국과 대만간 군사적 긴장, 중동 등에서 발생한 국지전이 주가를 자극했다. 하지만 2025년 들어 트럼프와 푸틴의 회동, 미·중 간 완화 국면, 지정학적 긴장 완화 기대감이 맞물리며 조정이 나타났다.

이러한 테마주 특성 외에도 방산주는 실적보다 기대와 심리에 의한 움직임이 크다. 분기별로 수주 여부에 따라 실적 편차가 크고, 일회성 매출이 주가에 과도하게 반영되기도 한다. 따라서 단기 변동성에 휘둘리기보다, 수주 규모와 납품 계획이 중장기적으로 탄탄한지 여부를 점검하는 것이 무엇보다 중요하다.

한국 방산은 더 이상 '내수 중심 산업'이 아니다. 폴란드, 호주, 중동 국가들을 중심으로 'K-무기' 수출이 본격화되면서, 수출 드라이브 산업으로 성격이 바뀌고 있다. 국내 방산 기업의 기술력이 해외에서 인정받고 있으며, 정밀유도무기, 자주포, 전차, 감시·통신 장비까지 폭넓은 라인업을 갖춘 것도 강점이다.

하지만 늘 유의해야 할 점도 있다. 첫째, 단기 급등에 따른 가격 부담이다. 둘째, 정치적·지정학적 변수에 좌우되는 산업 특성이다. 방산주는 종종 '평화가 위기'라는 아이러니한 구조를 갖는다. 전 세계가 평화를 원할수록 방산은 주식시장에서 소외된다. 셋째, 수주와 실적 간 시차다. 방산 수주는 계약에서 납품까지 평균 2~3년 이상이 걸리는 경우가 많고, 그 과정에서 정권 교체, 외교 변화, 예산 조정 등 변수도 상존한다.

한화에어로스페이스: 종합 방산 기업으로의 진화

한화에어로스페이스는 국내 방산 산업의 중심에 있는 기업이다. K9 자주포, 유도무기, 항공기 엔진, 위성 체계 등 다양한 무기 시스템을 보유하고 있으며, 전통적인 지상 무기뿐만 아니라 항공우주 분야까지 사업 영역을 넓혀가고 있다. 한화그룹은 계열사였던 한화디펜스를 흡수·통합하며 방산 사업을 이 회사로 집중시켰다. 그 결과, 한화에어로스페이스는 육해공 전 영역을 아우르는 종합 방산 플랫폼으로 자리 잡았다. 최근에는 세계 최장 사거리의 차륜형 K9 자주포 양산에 착수했고, KF-21 전투기의 엔진 생산에도 참여하고 있다.

또한 수직발사체계(KVLS-II) 개발을 완료했으며, 우주 사업에서는 저궤도 위성 및 발사체 분야까지 진출하고 있다. 미국 방산시장 공략도 본격화하는 중이다. 현지 경쟁사 출신 인재를 영입하며 해외 네트워크를 넓히고, 글로벌 기업들과의 협력도 강화하고 있다.

그림 2-22 | 한화에어로스페이스 10년 주가 흐름(2025년 10월 31일 기준)

한화에어로스페이스	주가	시가총액	PER	PBR
	980,000원	50.3조 원	21.28배	9.05배

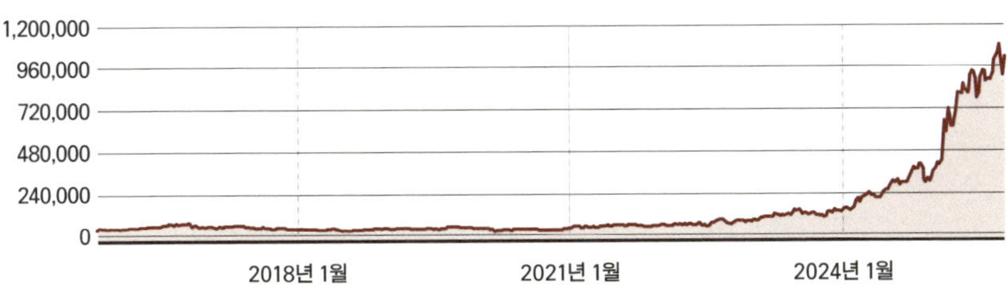

현대로템: 전차와 철도, 이중 엔진을 가진 방산 기업

현대로템은 방산과 철도, 친환경 에너지 사업을 함께 영위하는 현대자동차그룹 계열사다. 그중에서도 디펜스솔루션 부문은 K2 흑표 전차, 장갑차, 차륜형 차량 등 기갑 중심 무기체계를 담당하고 있다.

K2 전차는 국내 군 전력의 핵심 장비이자 수출 효자 품목으로 떠올랐다. 폴란드를 비롯한 유럽 국가들이 전차 구매를 본격화하면서, 현대로템의 수주 잔고도 빠르게 증가했다. 전차와 궤도 차량 제조 기술을 기반으로, 방산 수출의 핵심 플랫폼 역할을 수행하고 있는 셈이다. 이와 함께, 철도사업 부문에서는 고속열차(KTX), 도시철도 차량, 수소전기열차까지 다양한 친환경 기술을 적용하고 있다. 에코플랜트 부문에서는 수소충전소 설비 등 인프라 사업도 병행 중이다.

방산과 철도를 동시에 운영하며, 국방과 민간 기술을 접목해 복합

현대로템	주가	시가총액	PER	PBR
	231,000원	25.3조 원	61.83배	12.30배

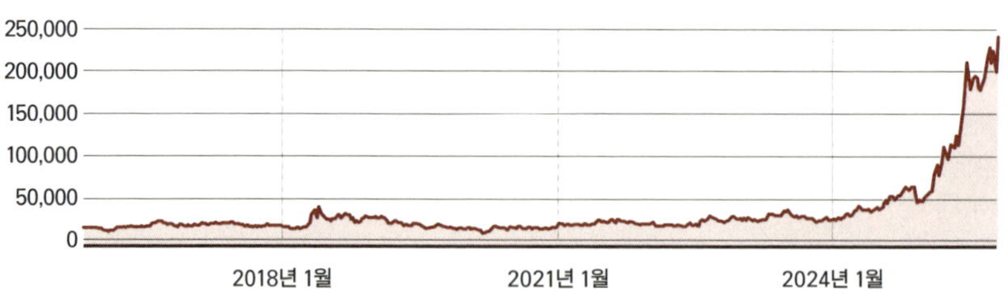

성장 구조를 구축한 기업이라는 점에서 다른 방산주들과는 차별화된 입지를 가지고 있다. 다만 방산 부문 비중이 전체 매출에서 20% 내외이기 때문에, 방산 특화보다는 '복합 인프라 기업'의 성격이 더 강하다는 점도 함께 고려해야 한다.

LIG넥스원: 정밀 유도무기와 전자전의 강자

LIG넥스원은 정밀 유도무기, 감시·정찰 시스템, 전자전 장비 등 전자 기반 무기체계에 특화된 방산 기업이다. 한국형 미사일 방어 체계(KAMD)에 투입되는 천궁, 현궁, 해궁 등의 유도무기 개발과 생산을 담당하며, 국내에서 이 분야의 독보적인 위치를 차지하고 있다.

최근에는 차세대 유도무기, 초음속 미사일, 레이더, 드론 대응 시

그림 2-24 | LIG넥스원 10년 주가 흐름(2025년 10월 31일 기준)

LIG넥스원	주가	시가총액	PER	PBR
	519,000원	11.6조 원	51.02배	9.34배

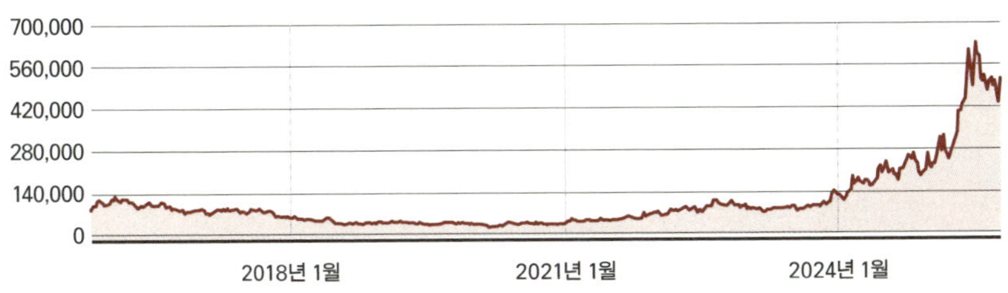

스템 등 고도화된 미래형 무기 개발 프로젝트에 적극적으로 참여하고 있다. 방위 산업의 디지털 전환이 가속화되는 흐름 속에서, LIG 넥스원은 소프트웨어 중심의 정밀 타격 무기와 통합 방어 시스템을 제공하며 존재감을 키우고 있다.

특히 국내뿐만 아니라 중동, 동남아, 유럽 등 해외 국가와의 수출 계약 확대를 통해 글로벌 방산 기업으로 발돋움하고 있다. 수출과 기술 경쟁력을 바탕으로 수주 잔고를 안정적으로 확보하고 있으며, 정부의 방산 수출 확대 정책과도 맞물려 실적 개선 흐름을 이어가고 있다.

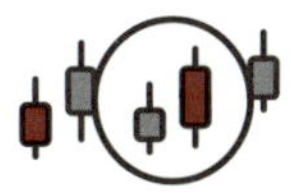

원자력:
에너지 전환 시대의 전략 자산

원자력 산업은 에너지 안보와 탄소중립이 중요한 과제로 떠오른 지금, 다시금 정책 산업으로 주목받고 있다. 문재인 정부의 탈원전 기조는 윤석열 정부 출범 이후 폐기되었고, 이에 따라 원자력 관련 기업들은 단기 테마를 넘어 중장기 성장 산업으로의 가능성을 검토 중이다.

원자력 업종에 대한 투자는 단순히 실적이나 주가 흐름보다 정책 방향과 정부의 의지가 가장 중요한 변수다. 국내 수요만으로는 산업의 성장이 제한적이기 때문에, 해외 원전 수주와 수익성 확보 여부가 중장기 투자 판단의 핵심 기준이 된다. 그리고 최근에는 SMR이 새로운 이슈로 부각되고 있다. SMR은 기존 대형 원전 대비 건설이 빠르고 안전성이 높아, 선진국 중심으로 관련 기술 경쟁이 본격화되고 있다. 한국도 SMR 개발 및 수출을 에너지 전략의 중요한 축으로 보고 있으며, 이에 따라 관련 기업들의 사업 영역도 빠르게 확장되고 있다.

다만, 원자력 관련 종목들은 정책·수급 테마가 강하게 작용하는 만큼, 수급 쏠림에 따른 가격 급등락이 잦은 편이다. 따라서 단기 모멘텀에 휘둘리기보다는 매출 실현 가능성, 수주 잔고, 수익성 구조 등을 함께 점검해야 한다.

원자력 산업은 단일 기업으로 움직이지 않는다. 기술 개발, 설계, 시공, 정비까지 연결된 밸류체인 전반의 흐름을 이해하고 연계해서 살펴보는 접근이 필요하다. 특히 국내에서는 다음 네 개 기업이 원자력 관련 밸류체인의 중심에 있다.

두산에너빌리티: 주기기 제작과 SMR 중심 기업

과거 두산중공업에서 사명을 바꾼 중공업 기업으로, 에너지와 플랜트 분야에 집중하고 있다. 원자력 발전소의 핵심 기기인 원자로, 증기발생기 등을 제작하며, 국내 유일의 원전 주기기 공급업체로 자리 잡고 있다.

이 회사는 기존 대형 원전 중심에서 나아가, SMR 기술 개발에 선도적으로 참여하고 있다. 이를 기반으로 미국 등 해외 기업과 협력을 확대하며, 세계 원자력 산업 재편의 중심에 서고 있다. 동시에 수

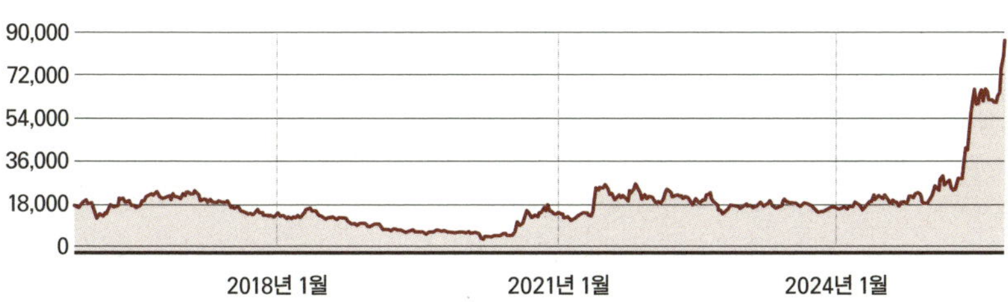

두산에너빌리티	주가	시가총액	PER	PBR
	88,700원	56.8조 원	509.77배	7.58배

소 생산과 액화 플랜트 기술을 바탕으로 탄소중립 시대의 에너지 공급망 전환에도 적극적으로 대응하고 있다.

최근 AI 데이터센터 등 전력 수요가 급증하면서, 안정적이고 효율적인 전력 공급원이 다시 주목받고 있다. 두산에너빌리티는 이러한 흐름 속에서 미래형 에너지 인프라를 구현할 핵심 기업으로 평가받고 있다.

현대건설: 시공에서 SMR로 확장하는 종합 EPC

현대건설은 주택·건설 기업으로 알려져 있지만, 한국형 원전 시공의 주요 주체다. 해외 원전 수출 사업에서도 시공을 담당하며 원전 프로젝트의 핵심 실행 역할을 맡고 있다. 최근에는 SMR 건설 역량

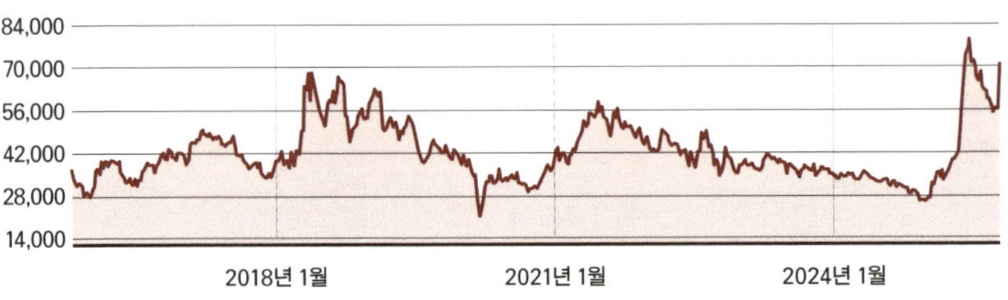

강화를 위해 글로벌 파트너십을 확대하고, 설계·조달·시공(Engineering·Procurement·Construction, EPC) 전 과정에서 참여를 넓히고 있다.[18] 북미와 유럽 시장에서도 협력을 통해 SMR EPC 사업 기회를 확보하며, 차세대 원전 산업의 시공 표준을 만들고 있다.

최근 AI 데이터센터 등 전력 인프라 수요가 급증하면서 안정적 전력 공급을 위한 원전 EPC 수요도 커지고 있다. 현대건설은 이러한 흐름 속에서 SMR 시대를 이끄는 종합 에너지 플랜트 기업으로 진화하고 있다.

한전기술: 원전 설계의 핵심 플레이어

한전기술은 한국전력공사의 계열사로, 원자력 발전소의 설계와 엔

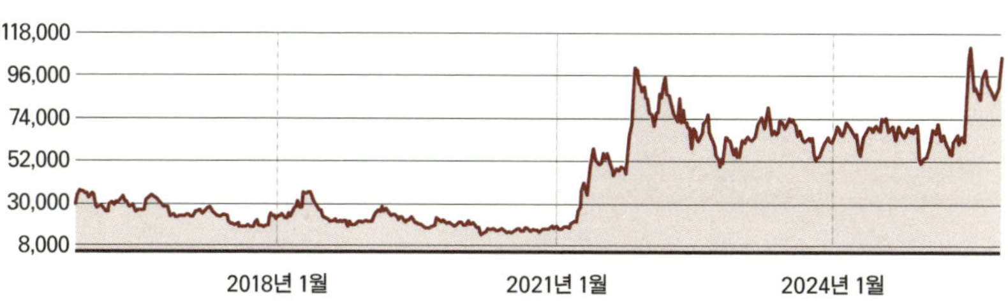

지니어링을 전담하는 전문 기업이다. 국내 한국형 원전 개발 과정에서 주설계자로 참여했고, 수출형 원전인 APR1400의 표준설계 역시 이 회사가 맡아 왔다. 해외 수주가 본격화되면 기술 이전, 현지 설계 지원, 기술 자문 등 다방면에서 역할이 확대된다. 설계 중심의 고부가가치 사업 구조를 갖고 있어 수익성과 안정성이 높다는 평가를 받고 있으며, SMR 설계 기술 확보에도 발 빠르게 대응하고 있다.

한전KPS: 정비와 유지보수의 숨은 주역

한전KPS는 발전소의 정비와 유지보수를 담당하는 한국전력 자회사다. 겉보기에는 후방지원 성격의 기업이지만, 실제로는 원자력 발전소의 안전성과 운영 지속성에 핵심적인 역할을 맡고 있다. 정기 점

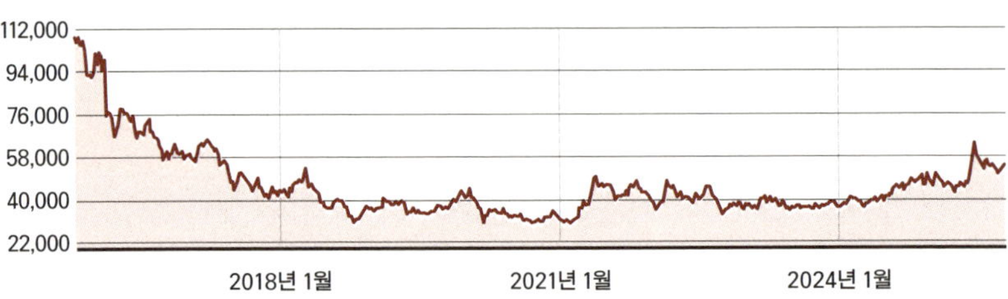

검, 고장 복구, 예방 정비 등 모든 유지 관리 작업을 수행하며, 발전소가 설계 수명을 다할 때까지 안정적으로 가동되도록 돕는다. 수주 규모는 단일 기업 대비 크지 않지만, 원전 운영을 책임지는 '현장의 실력자'라는 역할에 있어 대체 불가능한 위치를 차지하고 있다.

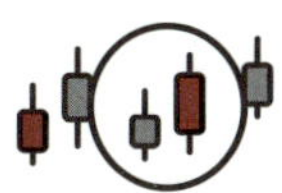

K-뷰티:
브랜드와 경험을 수출하다

K-뷰티는 단순한 화장품 산업을 넘어, 한국 문화와 미적 감각에 대한 전 세계인의 관심이 빚어낸 복합 산업이라 할 수 있다. K-팝, K-드라마 등 한류 콘텐츠가 확산되며 한국인의 피부 표현과 뷰티 루틴이 주목받았고, 이는 자연스럽게 한국산 화장품에 대한 선호로 이어졌다. 중국과 동남아, 최근에는 미국과 유럽까지 시장이 확장되고 있으며, 수출 효자 산업으로 자리매김하고 있다. 그만큼 중국의 소비 심리, 환율, 온라인 플랫폼의 확산, 브랜드 파워 등의 외부 요인이 산업 흐름에 미치는 영향도 크다.

산업 내에서는 브랜드를 직접 보유한 기업과 ODM(Original Development Manufacturing) / OEM 전문 생산기업으로 구분된다. 아모레퍼시픽, LG생활건강, 클리오는 브랜드 전략에 강점을 두며 소비

트렌드 변화에 민감하게 반응하는 편이고, 한국콜마, 코스맥스, 콜마비앤에이치는 고객사의 브랜드 제품을 개발·생산하는 구조로 운영된다. 최근에는 에이피알이라는 새로운 기업이 등장하며 산업 내질서에도 변화가 감지된다. 이제 K-뷰티는 반도체, 조선 같은 전통제조업 못지않은 차세대 성장 산업 후보군으로 주목받고 있다.

에이피알

에이피알은 2024년 상장 후 가장 빠르게 성장한 K-뷰티 기업으로 꼽힌다. 대표 브랜드인 '메디큐브'를 중심으로 미국, 일본, 유럽 등에서 빠르게 입지를 넓히고 있으며, 1년 5개월 만에 시가총액 기준으로 기존의 아모레퍼시픽, LG생활건강을 앞질렀다는 평가도 나왔다.[19]

그림 2-29 | 에이피알의 상장 이후 주가 흐름(2025년 10월 31일 기준)

에이피알	주가	시가총액	PER	PBR
	255,000원	10조 원	88.70배	29.35배

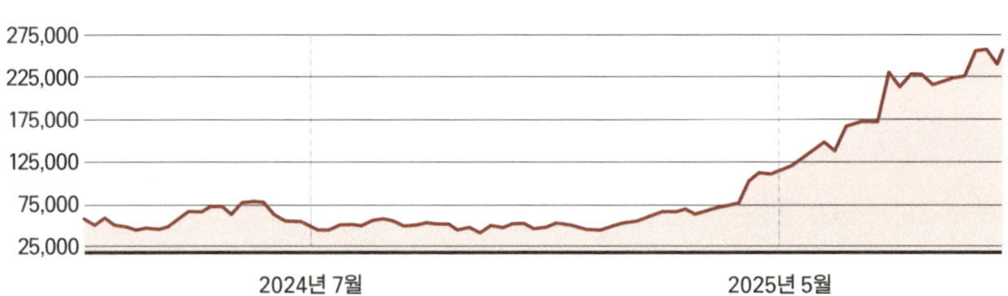

성장의 핵심은 글로벌 직진출 전략이다. 유통사에 의존하지 않고, 자체 브랜드와 온라인 채널을 중심으로 직접 시장에 진입해 브랜드 인지도를 쌓는 방식을 택했다. LA와 홍콩의 팝업 스토어에서 큰 반향을 얻었고, 유럽 시장에서도 판매처를 넓히며 확장을 이어가고 있다.

히트 제품인 '제로모공패드'와 콜라겐 라인, PDRN 앰플 등은 SNS와 리뷰 채널을 통해 바이럴 효과를 누렸고, 실제로도 소비자의 반복 구매율이 높은 편이다. 무엇보다 해외 매출 비중이 이미 78% 이상을 차지하며, '수출 중심 K-뷰티'라는 산업 흐름을 가장 선도적으로 보여주는 기업이라 할 수 있다.[20]

아모레퍼시픽

아모레퍼시픽은 한국 화장품 산업의 뿌리이자 상징적인 존재다. 1945년 '태평양화학'으로 시작해 70년이 넘는 기간 동안 한국 여성의 미용 문화를 이끌어왔으며, '설화수', '라네즈', '이니스프리', '마몽드', '헤라' 등 다수의 브랜드를 보유하고 있다. 특히 설화수는 중국 시장에서 한류 붐과 함께 압도적인 인기를 끌었고, 브랜드 하나만으로도 K-뷰티 전체의 위상을 끌어올린 사례로 평가된다. 최근 몇 년간 실적 부진과 브랜드 정체성이 문제로 지적되었지만, 럭셔리 라인의 리브랜딩과 디지털 전환, 글로벌 진출 전략을 통해 다시금 반등을 모색 중이다.

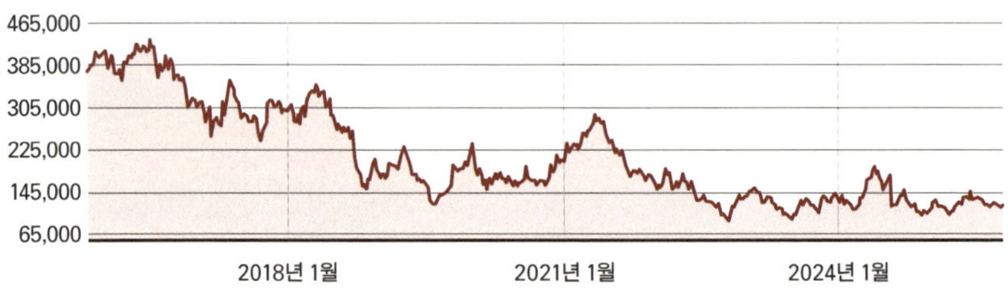

아모레퍼시픽	주가	시가총액	PER	PBR
	120,900원	7.5조 원	14.06배	1.59배

아모레퍼시픽은 여전히 브랜드 가치와 역사, 유통망 측면에서 막강한 기반을 갖춘 기업이다. 전통과 혁신이 충돌하는 과도기 속에서, 글로벌 K-뷰티 시장에서의 위상을 다시 세울 수 있을지 주목된다.

한국콜마

한국콜마는 국내 대표적인 ODM 전문 기업이다. 브랜드는 고객사가 보유하고, 한국콜마는 제품의 개발과 생산을 전담하는 구조다. K-뷰티가 글로벌 트렌드로 자리 잡으면서, 중소 브랜드와 신생 브랜드들의 생산 수요가 폭발적으로 늘었고, 이에 따라 한국콜마의 성장도 가속화되었다. 제품 기획부터 제형 개발, 품질관리, 생산까지 모든 과정을 수탁 방식으로 수행하며, 보이지 않는 곳에서 K-뷰티 산

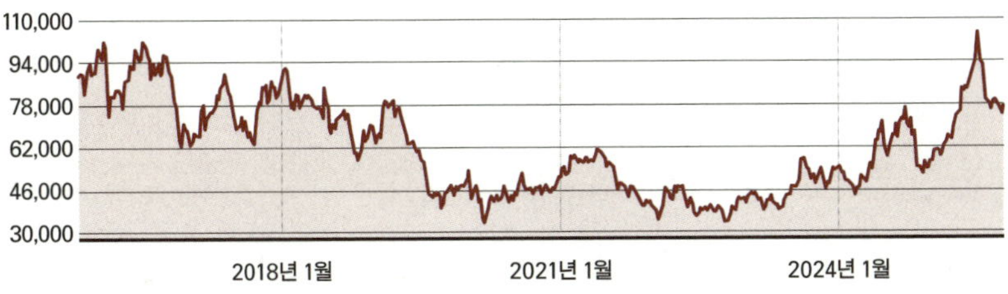

한국콜마	주가	시가총액	PER	PBR
	77,000원	1.8조 원	20.10배	2.29배

업의 기반을 지탱하는 기업이라 할 수 있다.

최근에는 자체 기술력 확보에 집중하며, 고기능성 제품 개발과 글로벌 기준에 부합하는 생산 인프라 확대에 나서고 있다. 소비자에게 브랜드 인지도는 낮지만, K-뷰티의 실질적 확장력은 이들 ODM 기업에서 출발한다는 점을 기억할 필요가 있다.

PART 3

고질적 악재가
풀리기 시작한
한국의 주식시장

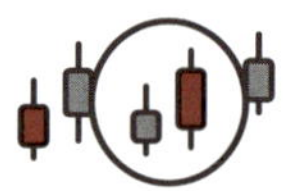

주주권 강화로 시작되는
시장 신뢰 회복

한국 주식시장의 구조적 저평가 원인

한국 주식시장이 구조적으로 저평가된 가장 큰 이유는 무엇일까? 한마디로 말하면 신뢰 부족이다. 소액주주가 주주로서 제대로 존중받지 못하는 시장, 그게 바로 한국 주식시장이다. 신뢰를 구축하지 못한 배경에는 지정학적 위험이나 지배구조 문제 같은 구조적 요인이 있다. 하지만 금융시장은 결국 참가자들의 감정, 센티멘트(sentiment)에서 출발한다. 그걸 알면서도 우리는 가격의 등락을 이용해 돈을 벌기 위해 시장에 참여하거나, 뾰족한 대안이 없어서 그냥 참여한다.

만약 금융시장에 신뢰가 자리 잡았다면 어떨까? 단기 매매를 통한 투기적 수익 추구는 줄어들고, 장기 투자라는 자본시장의 본래 기능이 회복되었을 것이다. 그러나 신뢰가 없는 시장에서는 투자자는 언제든 기업과 정책에 배신당할 수 있다는 불안감 속에서 움직일 수밖에 없다.

이 때문에 많은 개인 투자자들은 한국 시장을 떠나 미국 주식시장이나 암호 자산으로 눈을 돌렸다. 그들이 해외로 이동한 이유는 더 높은 수익률 때문이 아니라, '더 높은 신뢰' 때문이었다.

신뢰 구축이 가능한 상황

2025년, 한국 주식시장이 신뢰를 회복할 중요한 계기를 마련하면서 구조적 저평가 문제를 해결할 실마리가 생겼다. 그러나 주가지수가 더 오르기 위해선, 결국 기업의 매출과 실질적인 이익 증가가 뒷받침되어야 한다.

그런데 생각해보자. 2025년 이전까지만 해도 상장 기업들은 주식시장에서 제대로 된 자금 조달조차 어려웠다. 대주주는 터널링을 통해 기업의 이익을 사유화했고, 이러한 구조 속에서 기업과 투자자의 관계는 악순환에 빠졌다. 그러나 시장의 여건이 바뀐다면 이야기는 달라진다. 기업의 경영 활동을 위한 자금 조달이 주식시장에서 원활해지고, 대주주의 터널링이 사실상 줄어든다면, 이제는 그 오랜 악순환이 선순환으로 반전되는 순간이 될 것이다.

신뢰가 쌓이면 각국 주가지수의 등락 측면에서도 우선 키 높이가 맞추어진다. 그동안 30년 이상 이어진 한국 시장의 구조적 저평가는 자연스럽게 해결될 것이다.

상법 개정을 통해서 소액 투자자들이 주주로 인정받는 것이 대표적인 신뢰 회복이다. 중요한 것은 원인을 직접, 간접의 요인에서 찾아야 한다.

예를 들어 양도소득세 부과기준을 50억 원에서 10억 원으로 원상회복하겠다는 부분에 대해 생각해보자. 개인 투자자로서 투자 규모가 커지면 나도 양도소득세를 내란 말인가? 연말에 규모를 맞추느라 세금 회피 목적의 매도가 발생하면 정부는 세수 확보도 못 하고 시장의 가격 변동성만 키운다는 것 아니냐는 측면이 있다. 그런데 숨겨진 것은 더 있다. 10억 원을 기준으로 하면 대부분의 상장사에 소위 슈퍼 개미, 행동주의자 개미투자자의 입지가 사라진다. 단순히 소액 투자자들의 세금만의 문제가 아니라 대주주의 전횡을 더욱 가속화시키는 계기가 된다는 것이다.

상장법인 대주주 입장에서는 양도세 기준을 10억 원으로 하는 것이 고마운 일이다. 시끄러운 소액 주주의 출현을 막아주는 방패가 되는 것이다. 이는 대한민국의 부족한 신뢰를 개선시킬 수 없다는 것으로 이어진다. 정책결정자들이 결정을 위해서 고려할 요인이 많지만 지금은 주식시장의 신뢰 회복이 우선이라는 점을 기억해야 할 것이다.

신뢰 확장을 위한 출발

신뢰의 해결에 가장 중요한 것은 무엇일까? 주주 친화가 핵심이다. 주주 친화란 터널링을 얼마나 줄일 수 있는가, 그리고 정보의 비대칭성을 얼마나 해소할 수 있는가에 달려 있다. 이런 변화가 실제로 작동해야만, 시장은 기업의 의지를 신뢰하고 자본은 다시 기업으로 흘러들어간다.

주주 친화 정책이란 소액주주도 동일한 지위를 인정받는 것이다. 소규모 지분으로 오너의 전횡을 목격해도 '산업 발전을 위해 불가피하다'라거나, '묵인할 수밖에 없다'라는 식으로 넘어가고, 비싼 변호사들의 힘으로 처벌을 피했던 것이 솔직한 현실이었다. 이제는 죄를 지으면 벌을 받고, 지분이 있으면 지분만큼 인정받는 시장이 되어야 한다.

큰 걸음을 내딛기 위해서는 첫걸음이 중요하다. 그리고 그 첫걸음의 시점과 방향 또한 중요하다. 대한민국 주식시장이 신뢰 확장을 위한 첫걸음을 내디딘다는 것은, 과거에 묵인되었던 대주주의 전횡에 대해 구체적이고 엄격한 처벌을 내리는 것이다. 사실 법에 있는 대로만 하면 된다.

또 다른 출발점은 정보의 비대칭성 해소다. 이는 대주주나 경영진과 일반 투자자들이 가진 정보의 차이를 의미한다. 공시제도를 통해 주가에 영향을 주는 요인들에 대한 정보를 투명하게 공개하려는 노력이 이어지고 있지만, 여전히 일반 투자자들은 대주주나 경영

진이 정보를 감추거나, 심지어 이를 이용해 이익을 취한다고 의심한
다. 이러한 불신을 해소하기 위해서는 말이 아니라 행동, 즉 실제 사
례에서 엄격한 처벌을 보여주는 것이 필요하다. 주가조작, 내부 정보
이용, 터널링과 같은 행위에 대해 법대로 단호히 처벌하는 것이야말
로 신뢰 회복의 출발점이다.

반복되어서는 안 될 불신 사례들

그렇다면 터널링이나 정보 비대칭으로 인해 발생했던 사건들은 무
엇이 있었을까? 너무 많지만, 몇 가지 대표적인 사례만 기사와 함께
살펴보자.

투자자들은 종종 이렇게 말한다. 원래부터 그런 것 아닌가? 앞으
로 고쳐지겠어? 이러한 냉소가 쌓이면 시장은 결코 신뢰를 회복할
수 없다. 신상필벌(信賞必罰)이 분명해야만 신뢰가 자리 잡는다. 잘
한 기업은 확실히 보상받고, 잘못한 기업은 명확히 처벌받는 구조가
필요하다.

이제 다음에 제시하는 몇 가지 사례들은 모두 '과거의 사례'로 남
아야 한다. 다시는 우리 시장에서 이런 불신의 사건이 반복되어서
는 안 된다. 그리고 강한 처벌이 시행되면, 이런 행위들은 자연스럽
게 사라질 것이다.

▶ IPO와 대주주 이익(하이브) ◀

2025년 대두된 하이브 방시혁 의장 관련 사건은 한국 주식시장의 구조적 문제를 상징적으로 드러낸다. 방 의장은 하이브 상장은 없을 것이라며 매각을 유도한 뒤, 실제로는 매각 차익의 30%를 수취한 혐의를 받고 있다.[1] 이는 대주주 중심의 의사 결정과 불투명한 절차의 문제로, 한국 자본시장이 왜 신뢰를 잃었는지를 보여준다.

물론 오너 측은 오너로서 가능한 절차였다는 식의 항변을 내세울 수도 있다. IPO 과정에서 명확히 규정을 위반한 조항이 없을 수도 있다. 하지만 의도적으로 주주들에게 불이익을 주고, 그 과정에서 사익을 취했다는 점은 부정할 수 없다. 이러한 사례가 미래에도 반복될 수 있다는 인식이 남아 있다면, 한국 시장의 신뢰 회복은 요원하다.

결국 정부 당국이 얼마나 강하게 처벌하느냐가 관건이다. 그 태도야말로 정부가 주식시장 신뢰 회복에 얼마나 진정성을 갖고 있는지를 보여주는 시험대가 될 것이다.

▶ 그룹 지배와 상속(태광, 삼성) ◀

태광산업의 저평가는 단순히 실적 부진의 문제가 아니다. 그룹 전체가 오너 한 개인의 구멍가게처럼 운영된다는 인식 때문이다. 임직원이나 주주들은 의사 결정 과정에서 철저히 배제되어 왔고, 기업은 마치 개인의 사적 소유물처럼 다뤄졌다. 선대 회장의 사망 이후 막대한 상속세를 납부한 경험 탓에, 상속세를 줄이려는 의도가 경영

	총자산	47,223억 원
	총자본	40,156억 원
	지배주주 귀속 자본	39,292억 원

유휴현금·자산 및 계열사 지분 가치	현금성 자산	3,904억 원
	단기 금융 상품	2,984억 원
	비상장채권 및 수익증권 등	7,456억 원
	SK브로드밴드 지분 공정가치	8,039억 원
	합계	22,383억 원
	관계 기업 지분	10,186억 원
	투자 부동산	2,258억 원
유·무형 자산	유형 자산	4,752억 원
	사용권 자산	105억 원
	무형 자산	205억 원
영업자산	매출 채권	3,469억 원
	재고 자산	1,484억 원

판단에 개입했다는 지적도 나온다.

사실 그룹의 대주주는 자신이 가진 지분만큼의 영향력만 행사하면 된다. 대기업을 소상공인의 점포처럼 다루는 것은 시장의 원리에 반한다. 이제 중요한 것은 대주주의 한 표와 소액주주의 한 표의 무게가 얼마나 가까워질 수 있는가다. 이는 앞으로 한국 자본시장이 신뢰를 확장할 수 있는지의 시금석이 될 것이다.

2025년 5월 기준, 태광산업의 PBR은 0.16배, 배당성향은 1%에도 미치지 못한다. 자본총액이 약 4조 원에 달하지만, 시가총액은 7,000억 원 수준에도 못 미친다.[2] 밸류업을 선언한 주요 기업들의 배당성향이 대체로 20~40% 수준임을 감안하면, 이 수치는 극단적으로 낮은 수준이다. 당시 정치권에서는 PBR 0.3배 미만의 기업은 M&A나 청산 등 구조조정을 검토할 필요가 있다는 의견까지 제시되었다. 실제로 태광산업과 같이 시가총액이 7,000억 원 미만에 머무는 기업들은, 보유 자산 규모에 비해 지나치게 저평가된 대표적 사례로 꼽히고 있다.

삼성그룹은 2015년 제일모직과 삼성물산의 합병을 통해 사실상 이재용 회장 중심의 승계 구도를 완성했다. 합병 비율은 제일모직 1주당 삼성물산 3주 교환이었다. 당시 이재용 회장은 제일모직 지분 23.2%를 보유하고 있었지만, 정작 삼성물산 주식은 한 주도 보유하지 않았다.

합병 과정에서 제일모직은 비싸게, 삼성물산은 싸게 평가되었다는 논란이 불거졌고, 이는 곧 삼성그룹 승계 과정의 불투명성 논쟁으로 이어졌다. 글로벌 헤지펀드와의 소송전, 국민연금의 손실 책임 문제까지 확산되며 한국 자본시장의 '지배구조 리스크'를 상징하는 사건으로 남았다.

그러나 2025년 7월, 이재용 회장은 19개 혐의에 대해 모두 무죄 판결을 받았다. 2심의 핵심 쟁점이었던 삼성바이오로직스 회계 부정 혐의 역시 인정되지 않았다.[3] 이로써 10년 가까이 이어진 법적 공방은 일단락되었지만, 삼성식 지배구조의 불투명성과 주주권 침해 문제는 여전히 시장의 뿌리 깊은 불신으로 남아 있다.

20년 전부터 대기업의 상속 문제는 한국 주식시장의 고질적이고 구조적인 이슈였다. 태광산업 역시 1,000억 원이 넘는 상속세를 납부했지만, 시장의 평가는 여전히 비우호적이다. 2014년 헤럴드경제 기사에서는 삼성그룹의 조(兆) 단위 상속세를 예상하며, 한국 대기업 지배구조의 근본적 취약점을 지적했다. 실제 사례를 살펴보면 그 문제의 뿌리가 얼마나 깊은지 명확히 드러난다.

삼성그룹: 2020년 약 11조 원 규모의 상속세가 부과된 것으로 알려졌으며, 당시 기사에서는 6조 원 수준을 추산했다.

대한전선(2004): 설원량 회장 사망 후 유족들이 3,339억 원의 상속분 중 1,355억 원(약 40%)을 상속세로 납부했다.

교보생명(2003): 창업주 신용호 회장 별세 후 3,000억 원 상속분 중 1,338억 원(44%)이 세금으로 부과되었다.

태광산업(2008): 이임룡 회장 사망 당시 1,060억 원의 상속세를 납부했고, 이후 차명주식 18% 누락으로 800억 원이 추가 추징되었다.

이처럼 막대한 상속세는 단순히 세금 문제가 아니라 기업 지배구조와 시장 신뢰의 문제로 이어진다. 상속세 부담으로 가업을 포기한 사례도 적지 않다.

한편, 외국의 사례는 대조적이다. 미국에서는 1백만 달러 이상 자산에 55% 상속세율이 적용되어 기부를 통한 세금 절감이 일반화되어 있다. 월마트 창업가 가문은 신탁(Trust)을 활용해 합법적으로 자산을 이전했다. 영국은 2011년부터 '레거시 10(Legacy 10)' 제도를 시행해, 유산의 10%를 기부하면 상속세를 10% 감면해주는 제도를 도입했다.

▶ 인적·물적 분할(파마리서치, LG에너지솔루션) ◀

파마리서치는 최근 인적 분할 이슈로 시장의 주목을 받았다. 중복상장과 우회 증여 논란이 불거지면서, 주주들의 반발이 거세게 일었다. 결국 회사는 주주들의 요구를 수용해 인적 분할을 철회했고, 이후 실적이 개선되며 시가총액은 약 7조 원, PER은 70배에 가까운 수준까지 상승했다. 이번 경험으로 인해 투자자들은 앞으로도 경영진의 의사 결정 과정을 면밀히 지켜볼 것이다.

당시 파마리서치는 인적 분할을 검토하다가 철회 결정을 내렸다. 여러 기관 투자자들, 특히 머스트자산운용 등은 인적 분할이 소액주주의 지분 가치를 훼손하고 최대 주주의 지배력을 강화할 수 있다고 비판했다. 또한 파마리서치 사내이사를 맡고 있는 회장의 아들이 운영하는 게임 회사에 특혜를 제공했다는 의혹도 제기되었다.[4] 이 사안의 핵심은 분할의 목적이 기업 가치 제고가 아니라 대주주 이익 극대화에 있었다는 점이다.

이후 불과 열흘 만에 인적 분할 철회 소식이 전해지자, 시장은 즉각 반응했다. 불확실성이 해소되었다는 평가와 함께, 삼성증권이 목표 주가를 상향 조정하며 긍정적인 시그널을 보냈다.[5] 이는 단순한 이벤트가 아니라, 주주 의견이 실제 기업 경영에 직접적으로 영향을 미친 사례다.

LG에너지솔루션은 2020년 LG화학에서 물적 분할을 통해 상장된 회사다. 당시 시장에서는 '모회사 주주의 가치를 훼손하고, 대주주에게만 이익이 돌아가는 구조'라는 비판이 쏟아졌다. 그럼에도 불구하고 LG에너지솔루션은 이차전지 산업을 대표하는 기업으로 자리 잡으며, 여전히 시장의 관심을 받고 있다.

문제는 물적 분할이 제도적으로 허용되어 있지만, 그 결과가 대주주 이익 극대화로 귀결되는 구조라는 점이다. 이 과정에서 소액주주들의 권익은 철저히 배제되고, 모회사의 장기 투자자는 희석된 가치만 떠안게 된다.

2025년 5월, 이재명 대통령(당시 후보)은 "우량주에 장기 투자했는데, 새끼가 내 새끼가 아니라면 누가 투자하겠는가"라며 현 제도의 문제를 비판했다. 그는 물적 분할을 제어하는 것이 상법 개정의 핵심이라고 밝히며, 낮은 배당률 역시 지적했다. "공산국가인 중국보다 배당이 낮은 현실을 교정하기만 해도 주가는 자연스럽게 상승 곡선으로 돌아설 것"이라는 그의 발언은, 한국 자본시장의 구조적 왜곡을 상징적으로 드러낸다.[6]

▶ 내부자 정보 활용(메리츠금융) ◀

한국 자본시장의 고질적 문제 중 하나는 미공개 정보를 이용한 내부자거래다. 대표적인 사례가 바로 메리츠금융그룹 사건이다. 메리츠화재와 메리츠증권을 자회사로 편입한다는 내부 정보를 사전에 알고 있던 임원들이 이를 이용해 부당 이익을 챙긴 사건으로, 시장에 큰 충격을 주었다.[7]

2025년 7월, 당시 권대영 금융위원회 부원장은 이 사건과 관련해 "불공정거래를 저지른 금융회사들에 대해 철퇴를 가하겠다"라고 밝히며 강경한 입장을 보였다. 그러나 금융시장에서는 이러한 발언이 반복되어 왔음에도 불구하고 실제 처벌은 용두사미에 그친 경우가 많았다. 대부분의 사건이 '관행'이라는 이름 아래 흐지부지 마무리되거나, 솜방망이 수준의 제재로 끝난 것이 현실이다.

정부의 주식시장 개혁 의지

발생할 수 있는 나쁜 사례는 거의 모두 나타난 것이 한국 주식시장이다. 그러나 불신의 사건이 사라진다면, 우리 시장은 '늑대소년'에서 '파랑새'로 변할 수 있다. 여기에 더해 정치인들의 표 계산에 기반한 부동산 중심 사고와 정책도 전환되어야 한다.

정부는 주가지수 5,000포인트 시대를 목표로 개혁 드라이브를 추진하고 있다. 주식시장의 상승 기반은 말이 아니라 행동으로 가능하다. 지금 중요한 것은 어떤 정책을 논의하느냐가 아니라, 그 정책을 실제로 실행하느냐이다.

정부가 추진 중인 3대 개혁안은 상법 개정, 자사주 의무소각화,

표 3-2 | 코스피 5000을 위한 3대 개혁 정책

구분	정책 내용	현재 상태	시장 기대 효과
상법 개정	이사회 주주 중심 의무, 집중투표제, 감사 본결선출	1차 개정 완료, 추가 입법 논의 중	지배구조 개선 → 외국인 신뢰 확보
자사주 소각 의무화	자사주 취득 후 6개월 ~3년 내 소각 법제화	3개 의원안 발의, 9월 정기 국회 목표	사금고 방지 → 주주환원율 제고
배당소득 분리과세	고배당 기업에 대한 분리 과세 적용	법안 발의 완료, 정부 시뮬레이션 중	배당 유인 확대 → 장기 투자 촉진

표 3-3 | 코스피 5000을 위한 3대 선결 과제

과제 구분	세부 내용	현황	잠재적 리스크
① 실적 개선	상장사 이익증가, EPS 확대	영업이익 컨센서스 하향 중(-6.4%)	수출 둔화, 반도체 재고 부담 지속
② 외국인 수급	외인 순매수 확대, 원화 강세 환경	2024년 대비 유입 둔화	양도세 회귀, 거래세 인상 논의 변수
③ 제도 확성성	상법·세법 개정안 통과 여부	9월 정기국회 입법 추진 중	정치적 충돌 시 개혁 지연 우려

그림 3-1 | 배당소득 과세체계 추진(예시)안

현행

구분	과세 방식	세율
2,000만 원 이하	분리과세	15.4%
2,000만 원 초과	종합과세	6.6~49.5%

추진(예시)

구분	과세 방식	세율
2,000만 원 이하	분리과세	15.4%
2,000만 원 초과 3억 원 이하	분리과세	22.0%
3억 원 초과	분리과세	27.5%

배당소득 분리과세로 정리된다. 이 중 배당소득 분리과세는 배당 성향 35% 이상 기업의 배당에 대해 금융소득종합과세가 아닌 분리과세를 적용하는 제도다. 현재 국내 상장사의 평균 배당 성향은 26%로, 미국(42.4%)과 일본(36%)보다 낮다.[8]

또한 정부는 양도소득세 대주주 기준 조정 문제도 함께 검토하고 있다. 윤석열 정부 시절 종목당 10억 원이던 기준을 50억 원으로 상향한 이후, 이를 다시 낮출지 여부를 두고 논의가 이어졌다. 그러나 2025년 세법 개정안에서는 현행 50억 원 기준을 유지하기로 결정했다. 양도세 기준 조정은 단순히 세원 확보나 연말 매물 출회뿐만 아니라, 시장 신뢰와 주주 구조에도 직접적인 영향을 미치는 사안이다. 기준이 낮아질 경우 대주주를 견제할 수 있는 '큰손' 개인 투자자의 역할이 약화되어, 소액주주의 이익을 대변할 통로가 줄어들 수 있다는 지적도 나온다.

참고할 일본의 사례: 아베노믹스

일본의 사례를 참고할 필요가 있다. 2012년 집권한 아베 신조 총리는 통화 완화, 재정 지출, 구조 개혁이라는 세 개의 화살 정책을 내세웠다. 주식시장과 관련해서는 이사회의 독립성 강화, 기업 간 교차 출자 구조 정리 등이 본격적으로 추진되었다.

1만 엔 수준까지 떨어졌던 닛케이225지수(NIKKEI225)는 그 후 상승세를 이어갔고, 2024년에는 마침내 1989년 버블 최고치를 넘어섰다. 그리고 2024년 3월, 드디어 4만 엔을 돌파했다. 외국인 투자자들을 포함해 시장은 일본 증시의 상승을 단순한 버블이 아니라 실물 이익 증가, 기업 구조 개선, 정책 신뢰에 기반한 지속 가능한 상승으로 평가하고 있다.

한국 주식시장의 '이재명 랠리'는 이런 일본의 아베노믹스와 닮아 있다.[9] 일본의 니혼게이자이신문도 최근 이재명 정부의 주요 정책과 아베노믹스를 비교한 분석 기사를 실었다.

아베노믹스는 2013년부터 추진된 일본의 경제 정책으로, 대담한 금융정책, 기민한 재정 정책, 민간투자를 통한 성장 전략이 핵심이었다. 아베는 이를 '3개의 화살'이라 불렀다. 아베 총리는 2013년 9월 뉴욕증권거래소에서 직접 연설하며, 일본 주식에 투자해 달라고 호소했다. 이후 일본 정부는 기업 지배구조 개혁에 나서 독립 사외이사 제도 도입, ROE 제고, 주주 이익 중심 경영 원칙을 강화했다.

2025년 현재, 이재명 정부 역시 상법 개정을 통해 상장사 이사가 주주의 이익을 최우선으로 고려하도록 직무수행 의무를 명시하고 있다. 일본이 보여준 길은 분명하다. 제도적 신뢰와 주주 중심의 거버넌스 개선, 그리고 정책의 일관성이 확보될 때 주식시장은 비로소 진정한 상승 궤도에 들어선다.

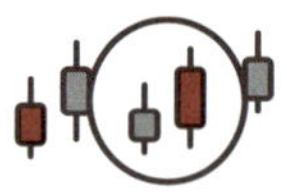

한반도 리스크,
기회로 전환되는 순간

리스크 프리미엄을 안고 있는 시장

한국 시장이 저평가된 이유 중 첫 번째로 항상 지정학적 위험이 거론되었다. 한반도는 늘 전쟁 가능성이 있는 지역으로 인식되었다. 내가 북유럽의 연기금 운용 책임자라면, 굳이 전쟁 위험이 도사리는 국가에 자금을 배분하지 않을 것이다. 정권에 따라 남북 화해 모드를 조성하기도 했지만, 외국인 투자자 입장에서 보면 그런 시도들이 한반도의 근본적인 위험을 해소하지는 못했다.

물론 한국도 실용주의 중심의 정책을 통해 위험을 줄이려는 노력을 하고 있다. 하지만 필자는 미국의 변화도 중요한 변수라고 본다. 언론 보도 등을 참고하면, 최근 3년간 남북 관계는 사실상 최악의 국면을 지나왔다. 의도적으로 문제를 일으키려는 시도들이 있었다고 판단된다.

문제는 우리 스스로는 전쟁 위험을 실제로 잘 체감하지 못한다는 점이다. 오히려 해외의 동포들이 한반도의 전쟁 가능성에 훨씬 민감하게 반응하는 것처럼 보인다. 정보 접근의 차이 때문일 수도 있다. 이런 불안감은 외국인 자금의 흐름에도 즉각적으로 반영되어, 지정학적 긴장이 고조될 때마다 외국인 매도세가 확대되고 원화 약세가 동반되는 패턴으로 나타난다. 특히 최근 미·중 갈등의 심화와 트럼프 대통령의 동맹국 공동 대응 압박은 한국의 지정학적 리스크를 오히려 더 부각시키는 요인으로 작용하고 있다.

전쟁은 사람이 사람을 죽이는 것이다. 이미 지구상에서 사라진 줄 알았던 전쟁이 몇 년 전부터 다시 곳곳에서 확산되고 있다. 10년 전 미국의 이라크 침공처럼 일방적인 공격도 있었지만, 이제는 러시아의 우크라이나 침공, 이스라엘의 이란 공격, 그리고 중국의 대만 침공 가능성까지 거론된다. 전쟁은 멀지 않다. 이처럼 세계 각지의 분쟁이 확대될수록 글로벌 투자자들은 리스크 프리미엄을 높게 책정하며, 한국 주가 역시 그 영향을 피하기 어렵다. 남북의 대치 상황 역시 국제 정세에 따라 전쟁 위험이 언제든 강조될 수 있는 현실적인 리스크다. 한국 시장을 둘러싼 구조적 저평가 요인 중 하나로 여전히 유효하다.

북한의 발언과 해외동포의 의견

남북 간 전쟁 위험은 종종 북한 인사의 발언을 통해 부각된다. 2025년 7월, 조선일보는 박인철 북한 최고인민회의 의장의 발언을 보도했다. 박 의장은 미국과 한국이 한반도에서 핵전쟁을 준비하고 있다고 주장했다. 기사는 이 발언의 의도를 북한이 핵무기를 '합법적인 국가 방위 수단'으로 정당화하려는 것으로 해석했다. 또한 김여정 노동당 부부장 역시 미국이 북한을 핵보유국으로 인정하는 것이 대화의 전제조건이라고 못 박았다고 전했다.[10]

한편 해외 동포들도 최근 한미 정상회담과 관련해 한반도 전쟁 가능성에 대한 우려를 나타냈다. 미국이 관세 협정으로 한국을 압박하면서 동시에 대중(對中) 군사 전략에 한국을 끌어들이려 한다는 시각이 존재한다. 특히 군사 분야에서 한국군을 미국의 전략적 목적에 끌어들이는 것을 막아야 한다는 목소리가 해외 동포 사회에서 제기되고 있다.[11] 이 같은 여론은 해외 투자 커뮤니티에도 전파되어 '한국은 언제든 불안정성이 재점화될 수 있는 시장'이라는 인식을 강화하는 경향이 있다.

미국과 북한의 입장

뇌피셜로 보여질 수 있으나, 트럼프의 세계관은 매우 분명해 보인다.

그는 세상을 혼자 휘두르고 싶어 한다. 관세, 전쟁, 암호 자산, 금리 등 어떤 이슈든 대응 방식은 철저히 자기 방식이다.

이렇게 생각해 보자. 내가 트럼프라면 무엇에 관심을 가질까? 이미 돈과 권력을 모두 손에 넣었으니, 이제는 그것을 휘두르는 것, 그리고 노벨 평화상일 것이다. 언뜻 과장처럼 들릴 수도 있지만, 그의 발언을 보면 종종 그 욕망의 실루엣이 드러난다. 중동 전쟁, 대만 해협 문제, 한반도 문제. 이 중 하나만 풀어도 세계 정치 무대에서 성과로 포장할 수 있다.

그렇다면 트럼프가 자신의 목적을 위해 북한을 상대로 쓸 수 있는 카드는 무엇일까? 바로 외교 문제를 진전시키고 전쟁 위험을 줄이는 일이다. 그는 평양에 연락 사무소를 하나 열거나, 심지어 '트럼프 빌딩'을 짓고 싶어 할지도 모른다. 중요한 지점은 여기다. 이러한 트럼프의 욕심과 김정은의 욕망이 어디선가 맞닿아 있는 것 아닐까?

최근 3년간 윤석열 정부는 북한에 강경한 자세를 취했다. 무인기를 보내고, 도발을 유도했다는 보도도 있었다. 그러나 김정은 입장에서도 승산 없는 전쟁을 시도하면서 남한을 점령하려는 것보다는 자신의 권력과 체제의 안전을 보장받는 쪽이 훨씬 현실적일 것이다.

결국 한국 정부, 미국 정부, 북한의 이해관계가 일치해 한반도에서 전쟁 위험이 줄어든다면, 한국 시장을 둘러싼 지정학적 리스크도 함께 완화될 수 있다. 이는 단기적으로 외국인 자금의 재유입과 환율 안정으로 이어질 수 있으며, 주가 밸류에이션에 반영되는 '코리아 디스카운트' 완화의 계기가 될 수 있다.

트럼프의 노벨평화상 욕심

트럼프가 노벨평화상에 욕심이 있다는 건 공공연한 사실이다. 그는 1기 때부터 그 의지를 드러냈고, 실제로 2019년 일본의 아베 총리가 트럼프를 노벨상 후보로 추천하기도 했다. 2019년, 트럼프는 아베의 추천 사실을 공식 석상에서 직접 공개했다. 추천 배경은 트럼프의 북미 대화로 긴장이 완화되어 일본 상공에 미사일이 날아다니지 않게 되었기 때문이었다.[12]

2025년 2월에는 더불어민주당 박선원 의원과 이재명 대통령(당시 당대표)도 트럼프를 노벨평화상 후보로 추천할 뜻을 밝혔다.[13] 워싱턴포스트와의 대담에서 이재명 대통령은 "한반도 핵·미사일 문제에서 진전이 있다면 모두에게 유익하다"라며 트럼프 추천을 고려하겠다고 말했다.[14] 이어 2025년 8월 한·미 정상회담에서 이재명 대통령이 트럼프를 'Peace Maker'로 지칭한 것도 같은 맥락이다. 그러나 2025년 노벨평화상 수상자는 트럼프가 아니었다. 10월 10일, 수상자로는 베네수엘라 야권 지도자 마리아 코리나 마차도(Maria Corina Machado)가 발표되었다. 보도에 따르면 마차도는 트럼프에게도 평화를 위한 노력에 감사의 뜻을 전했다.[15]

또 다른 기사에서는 트럼프가 수상 불발 직후 "이번 수상은 2024년 활동에 대한 보상"이라며, "나는 2024년에는 선거 준비 중이었다"고 말했다고 전한다. 내년 수상에 대한 기대를 내비친 셈이다. 트럼프는 "내가 7개의 전쟁을 끝냈고, 8번째도 마무리 중이며, 수백만 명의 생명을 구했기 때문에 만족한다"라고 밝혔다.[16] CNN은 트럼프가 "수상 불발에 개의치 않는다"라고 전했지만, 백악관 분위기는 달랐다고 보도했다.

같은 날 밤, 트럼프는 돌연 중국의 희토류 수출 통제에 맞서며 100% 대중국 추가 관세와 소프트웨어 수출 통제를 발표했다. 그 결과 S&P500 지수는 2.71%, 나스닥은 3.56% 급락했다. 노벨평화상 탈락에 분풀이했다는 의심을 사기에 충분한 대응이었다.[17] 오비이락이길 바라지만, 타이밍이 절묘했다. 이처럼 미국 정치의 예측 불가능성이 글로벌 시장을 뒤흔들 때, 한국 주가 역시 가장 먼저 흔들리는 모습을 보인다. 글로벌 리스크에 대한 노출도가 높다는 점은 한국 시장이 가진 구조적 약점 중 하나다.

위험이 기회로 바뀌는 순간

위험으로 보이는 것들도 상황에 따라서는 기회가 될 수 있다. 예를 들어 미국과 북한이 관계를 개선하고 북한의 자원 개발이 이루어진다면, 한국으로서는 큰 기회를 맞을 수 있다.

미국은 자국의 이익을 위해 동맹국의 손실도 무시하며 노골적으로 이익을 쫓는다. 그런 미국에 북한의 자원, 그리고 트럼프의 노벨평화상 욕심은 새로운 전략적 카드가 될 수 있다. 북한과 러시아의 우호 관계 속에서 경쟁 구도가 형성된다면, 오히려 급격하게 한반도의 지정학적 위험이 낮아지고 우리에게는 기회로 작용할 가능성도 있다. 물론 그 가능성은 시간을 통해 확인해야 할 것이다.

세상일은 대부분 순환한다. 남북문제 역시 시간에 따라 위험이 오르내린다. 지난 3년간 최악의 시기를 지나온 만큼, 주가와 마찬가지로 바닥을 지난 남북 관계는 예상치 못한 뉴스 하나로 급격히 완화될 수도 있다. 결국 한국 시장의 리스크는 언제나 '지정학적 공포'와 '정치적 이벤트'의 교차점에서 증폭된다. 그러나 그만큼 반등의 폭도 크다는 점이, 역설적으로 한국 주식의 매력으로 작용할 수 있다.

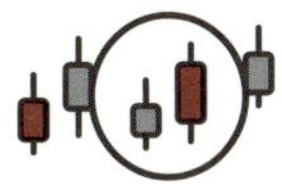

미·중 패권 전쟁 속, 한국이 전략적 승자가 된다

빈약한 내수 시장, 불안한 대외 균형

한국은 인구 5천만 명, 경제 규모 세계 10위권이라는 위상을 지녔지만, 내수 시장은 그에 비해 빈약하다. 내수가 충분히 크다면 강대국의 자국 우선주의나 국제 갈등이 미치는 영향은 제한적일 것이다. 그러나 한국의 현실은 그렇지 않다. 우리는 작은 내수 시장이라는 환경을 전제로, 대외 변수에 더욱 민감하게 반응할 수밖에 없는 구조에 놓여 있다.

　내수가 부진한 주요 원인은 부동산 중심의 경제 구조다. 중산층은 자산 대부분을 부동산에 묶어두었고, 높은 이자 부담에도 실질적 현금 흐름은 거의 없다. 소비 여력은 줄었고, 저임금 산업에 종사하는 외국인 노동자들은 국내 소비보다 본국 송금을 우선시한다. 세대별로는 부동산을 제외한 순자산이 대부분 부채를 동반한 금융자산으로 구성돼 불안정하다. 주식시장마저 장기간 박스권에 머물며 기대수익을 주지 못하자 소비와 투자 심리 모두 위축됐다.

소상공인 비중이 높은 경제 구조도 내수의 취약성을 심화시킨다. 국민의 구매력이 정체된 상황에서 자영업자 간 경쟁만 과열되니, 한쪽의 매출 증가는 곧 다른 쪽의 손실로 이어진다. 이런 구조에서는 모두가 함께 성장하기 어렵다. 결과적으로 폐업과 손실이 반복되는 악순환이 고착화된다.

결국 우리는 내수의 약세를 수출로 보완해야 하는 경제를 운영해왔다. 그러나 최근에는 그마저도 순탄치 않다. 미국의 리쇼어링(reshoring) 정책은 한국 기업들에 미국 내 공장 건설을 요구하며 압박을 가하고, 미·중 갈등은 글로벌 공급망을 불안정하게 만든다. 미국은 관세를 의회 권한이라며 무기처럼 휘두르고, FTA 원칙마저 무시한다. 우리는 이런 비합리적 환경 속에서도 '주먹 센 형님'의 비위를 맞춰야 하는 처지에 놓여 있다.

이처럼 외교·무역 환경의 불확실성은 한국 자본시장에도 직결된다. 내수 기반이 약한 만큼, 수출 둔화나 글로벌 공급망의 변화는 곧바로 상장기업의 실적 악화로 이어진다. 코스피의 이익 추정치가 빠르게 조정되고, 밸류에이션이 흔들리는 이유가 여기에 있다. 내수가 받쳐주지 못하는 구조에서, 한국 주가는 늘 대외 변수의 파고 위에 놓인다.

미·중 갈등의 그늘 아래, 한국의 가능성

과거에는 강대국들도 최소한의 명분과 절차를 중시했다. 그러나 이제는 노골적으로 자국의 이익을 앞세우며, 그것을 자국민 결집의 도구로 활용한다. 글로벌 경제는 점점 더 '주먹이 앞서는' 세계가 되어가고 있다.

한국은 산업화 초기, 정부의 전폭적인 지원과 국제사회의 암묵적 양해 속에서 성장했다. 1970~1980년대 미국과 유럽은 한국의 섬유·철강 제품에 비관세 혜택을 제공했고, 일본은 기술 이전과 자본 협력을 통해 제조업 성장의 발판을 마련해줬다. WTO 체제 이전에는 개도국 지위에 따른 각종 관세 우대와 수출 보조금도 가능했다.

하지만 이제 한국은 세계 10위권의 선진국으로 올라섰고, 완전경쟁의 무대 위에 홀로 서 있다. 과거의 배려는 사라졌고, 오히려 무역 흑자 규모를 근거로 관세를 부과받는 현실에 직면해 있다.

물론 세상일엔 늘 명암이 있다. 산업 구조가 유사한 중국은 제조업 경쟁력이 빠르게 강화되며 대부분의 산업에서 한국을 추월했다. 그러나 역설적으로, 현재의 미·중 갈등은 우리에게 기회일 수도 있다. 갈등이 없었다면 우리는 중국과 정면으로 경쟁해야 했을 것이다. 단적인 예가 조선업이다. 미국의 정책은 자국의 이익을 위한 것이지만, 결과적으로는 중국의 시장 진입을 제한하며 한국 기업의 숨통을 틔워줬다.

특히 조선업과 방위산업은 미·중 갈등의 대표적인 수혜 산업으로 꼽힌다. 강대국들이 자국 이익을 노골적으로 주장하는 시대에 우리가 목소리를 내기란 쉽지 않지만, 그렇기에 지금은 주어진 조건 안에서 현명하게 대응하는 것이 중요하다. 주도권을 쥘 날을 기다리며, 우리는 줄다리기를 이어가야 한다.

다만 한 가지 잊지 말아야 할 사실이 있다. 강대국들은 앞에서는 다투지만, 뒤에서는 거래한다는 점이다. 애플은 여전히 중국에서 아이폰을 생산하고, 엔비디아는 중국 정부에 매출의 15%를 납부하겠다는 조건으로 반도체를 공급하겠다고 나섰다. 겉으로는 대립하지만, 속으로는 이익을 공유하는 구조다.

이런 시대에는 과거의 경험이나 상식만으로는 버티기 어렵다. 자칫하면 눈치 못 챈 채 뒤처지기 쉽다. 이러한 불확실성은 한국 증시의 정책 리스크 프리미엄을 높이는 요인으로 작용하며, 수출 주도 산업의 밸류에이션이 하루 만에 뒤집히는 일도 잦아졌다. 외국인 투자자들 역시 이를 한국 시장 최대의 변동성 요인으로 인식하고 있다.

트럼프 방식은 새로운 원칙?

이러한 흐름을 가장 상징적으로 보여주는 인물이 바로 트럼프다. 그는 글로벌 경제의 질서를 다시 '힘의 원칙'으로 되돌려놓았다. 이제 정치와 경제에서 원칙, 명분, 절차는 많이 희미해졌다. 세계에서 가장 힘센 미국 대통령은 예전 집권 시절, 대변인의 입이 아니라 트위

터를 통해 주요 정책을 발표했다. 이번에도 트럼프는 관세 발표로 존재감을 과시하며 출발했다. 중요한 결정들을 거의 독재국가의 왕처럼 밀어붙였다. 암호 자산 시장에서는 밈코인과 연루되었고, 가족재단에서 주요 코인을 매집하며 암호 자산 관련 법안을 추진하고 있다.

이 글은 '옳다, 그르다', '법을 위반했다', '절차를 어겼다'는 판단을 하려는 게 아니다. 말하고 싶은 건, 세상이 바뀌었다는 점이다. 원칙과 명분이 아니라 존재감 과시, 눈앞의 이익이 우선이다. 그리고 그 이익을 위해 노골적이고 직접적인 방식으로 의사 결정이 이뤄지고 있다.

상식적으로 이해하기 어려운 사례도 많다. 기후 협정도 무시하고, FTA가 유효한데도 일방적으로 관세를 부과한다. 처음에는 무리하게 요구하고, 나중에는 양보하듯 관세를 낮춘다. 그다음에는 미국에 투자하라, 미국 상품은 무관세로 수입하라고 요구한다. 힘 있는 나라의 무대포식 행동, 어찌할 도리가 없다.

절차와 원칙을 따르는 사람들, 즉 투자자일수록 단기적으로 손해를 보는 경우가 많다. 금융시장의 불확실성조차 이제는 사람의 입에서 비롯된다. 문제는 이런 흐름이 단기적으로 계속될 가능성이 높다는 점이다. 미국, 중국, 러시아, 이스라엘, 심지어 우크라이나까지도 자국 이익 앞에서는 명분과 절차를 뒤로 미루는 상황이 흔해졌다. 우리는 미국과 중국이 다시 명분과 절차를 중시하는 시대로 돌아가길 바란다. 그러나 그런 기대는 단기적으로도, 중기적으로도 실현되기 어려운 상황을 맞고 있다.

이처럼 불확실성과 돌발 발언이 시장을 흔드는 환경에서는, 특히 글로벌 교역에 민감한 한국처럼 수출 의존도가 높은 시장의 주가 변동성이 더욱 확대된다. 환율 급등락, 수출주 실적 전망 하향, 외국인 선물 포지션 변화가 맞물리며 단기 급락이 반복되는 불안정한 흐름이 이미 구조화되어 있는 셈이다.

▶ 트럼프식 관세 전쟁, 한국의 전략적 선방 ◀

이러한 '힘의 정치'는 외교뿐만 아니라 경제 영역에서도 노골적으로 드러난다. 트럼프는 '국가 안보'를 명분으로 1962년 제정된 무역확장법 232조를 다시 꺼내 들며, 사실상 패권 경쟁의 무기를 경제 영역으로 확장했다. 오랜 세월 사문화된 조항이었지만, 그는 이를 되살려 동맹국까지 압박의 대상으로 삼았다. '안보'라는 모호한 기준은 정치적 판단에 따라 언제든 확장될 수 있었고, 세계 교역 질서는 그 불확실성 속에서 흔들렸다.

실제로 미국 내에서는 트럼프의 조치가 합법인지에 대한 논란이 이어졌다. 하급심에서는 위헌 판결이 내려졌으나, 2025년 10월 현재 미국 대법원은 이를 심리 중이다. 만약 대법원이 트럼프의 손을 들어준다면, 정치가 법의 이름으로 경제를 지배하는 새로운 국면이 열리게 된다. 반대로 하급심 판단이 유지된다면, 2025년의 핵심 이슈인 관세 논의는 다시 원점으로 돌아갈 것이다.

그러나 법적 판단과 별개로, 트럼프는 이미 관세를 실질적 협상 카

드로 활용하고 있다. 일본에 이어 한국도 10월 30일 협상을 마무리
했다. 미국의 초기 요구는 3,500억 달러 규모의 대미 투자였다. 외환
보유액을 고려해도 감당하기 어려운 수준이었다. 그러나 협상 결과
는 연 200억 달러씩 10년, 그리고 '마스가 프로젝트' 명목의 1,500
억 달러 투자로 조정되었다. 당장의 불확실성이 해소되자 금융시장
은 안도했지만, 이는 협상의 '성공'이라기보다 '최악을 피한 결과'에
가깝다. 존재하지 않던 위협이 줄었다는 이유만으로 시장이 안정을
찾았을 뿐이다.

결국 트럼프식 관세 전쟁은 특정 국가의 문제가 아니라, 전 세계
자본 흐름 전체에 불확실성을 확산시키는 요인이다. 시장의 방향을
결정짓는 것은 정치적 압박이 아니라 자본의 힘, 그리고 유동성의
흐름이다. 한국은 그 거대한 흐름 속에서 전략적으로 균형을 유지하
며 대응하고 있다.

미·중 패권 전쟁이 바꾼 자본의 지형

이러한 미국의 관세 전략은 결국 미·중 간 패권 경쟁의 일부이자,
세계 자본의 이동 방향을 결정짓는 핵심 변수로 작용하고 있다. 미·
중 무역 갈등의 요인은 다양하지만, 핵심은 안보와 연계된 기술 패
권 전쟁, 그리고 무역 및 관세의 블록화다. 대만 문제나 중국의 인권
문제도 언급되지만, 우선순위는 낮다. 그렇다면 미·중 갈등은 어떤

방향으로 흘러갈까? 트럼프의 막무가내식 협상 방식은 일본, 유럽, 한국 등의 대규모 투자를 유도하며 일단락되는 듯한 흐름을 보이고 있다. 그러나 무역 갈등과 관세 부과는 결국 미국 소비자들의 물가 상승으로 이어질 수밖에 없다.

리쇼어링이라는 이름 아래 미국 내 제조업 회복을 주장하지만, 로봇을 활용한 공장 자동화 수준이 아닌 이상 높은 인건비를 감당하며 생산을 유지하기는 어렵다. 게다가 그마저도 시간이 오래 걸린다. 이제는 미국이 아니라 중국이 칼자루를 쥐어가는 모습도 보인다. 다만 권력의 구조, 그리고 대만과의 관계가 미·중 갈등을 얼마나 악화시킬지는 여전히 예측하기 어렵다. 한 가지 분명한 점은, 트럼프가 욕망대로 정책을 밀어붙인다면 그 피해는 결국 미국 소비자에게 돌아갈 것이라는 사실이다.

미·중 갈등은 글로벌 공급망 재편과 인플레이션 가능성의 고조를 불러오며, 역설적으로 '안전자산' 선호를 확대시키고 있다. 그러나 '무엇이 안전자산인가'에 대한 판단은 투자자마다 다르다. 미국 달러와 국채가 과연 안전한가? 지속적인 상승으로 고평가 논란이 커지는 미국 주식은 안전자산일까? 이 질문에 대한 답은 각자 스스로 내려야 한다.

무엇보다 중요한 건, 중국이 이미 산업 경쟁력과 첨단 과학 분야에서 우위를 확보했다는 점이다. 글로벌 플랫폼은 여전히 미국 중심이지만, 기술 산업의 구조 재편은 점차 중국이 주도하는 영역으로 빠르게 옮겨가고 있다. 트럼프든 미국 정부든, 그 이면에는 늘 '미국의 이익'을 향한 집요하고도 일관된 열정이 자리한다. 앞에서는 싸우고 뒤에서는 교류하는 이중 플레이는 곧 다시 본격적으로 시작될 가능성이 크다.

그렇다면 한국 주식시장에는 어떤 영향이 있을까? 공급망 재편은 한국의 조선업과 이차전지 산업에 분명한 긍정적 영향을 미친다. 국방 및 보안 강화 흐름은 방산 산업의 새로운 성장 기회를 만든다. 미국은 국채 소화를 위해 '지니어스 법'을 통과시켰고, 스테이블코인 제도화에도 속도를 내고 있다. 2025년 8월, 미국 정부는 행정명령을 통해 미국 연금이 암호 자산을 대체 자산으로 편입할 수 있도록 허용했다. 세상의 변화는 언제나 예상치 못한 새로운 기회를 만든다. 미·중 갈등 역시 한국에는 위험이자 동시에 기회다. 양면의 칼날이라는 점에서, 더욱 냉정한 전략이 필요하다.

▶ 미·중 갈등의 유불리 ◀

미국이 중국을 견제하려는 미·중 갈등 국면에서, 한국은 어부지리식 이익을 얻을 가능성이 있다. 우리는 그러한 환경을 제대로 이해하고 적극적으로 활용할 필요가 있다. 물론 한국이 주도적으로, 독립 변수로서 의사 결정을 내리고 금융시장을 주도할 수 있다면 가장 이상적이겠지만, 그렇지 못한 것이 현실이라면 그에 맞는 전략적 대응이 필요하다.

미국이나 중국이 자국의 이익을 앞세울 때, 그 여파가 한국에 어떻게 미칠지를 사전에 고민하고 선제적으로 대응하는 지혜가 요구된다. 현재 세계는 공급망 전쟁과 기술 패권 경쟁의 한가운데 있다. 트럼프 미국 대통령은 관세 정책, 제국주의적 팽창 정책, 금융 및 산업자본 육성 정책을 동시에 추진하며 미국 중심의 경제 질서를 강화하려 하고 있다.

이에 따라 한국 기업들은 글로벌 공급망 변화에 발맞춰 기술 혁신과 구조 개편을 통해 지속적인 경쟁력을 강화해야 한다. 이 과정에서 주가의 변동성은 불가피하다. 그러나 산업 구조조정이 안정화되고 기술력 기반의 경쟁 우위가 확인된다면, 한국 시장은 오히려 '회복 탄력성이 높은 신흥 선진 시장'으로 새롭게 재평가될 여지도 있다.

▶ 차이나머니의 습격 ◀

미·중 갈등으로 인해 중국과의 관계가 불안정해지는 상황이지만, 역설적으로 중국 자본은 한국에 대한 투자를 오히려 꾸준히 확대하고 있다. 부동산과 주식시장 전반에서 중국계 자금의 유입은 이미 눈에 띄는 수준이며, 그 규모와 흐름을 더욱 면밀히 관찰할 필요가 있다.

보도에 따르면, 중국 자본의 국내 투자 규모는 역대 최대치를 기록했다. 2024년 기준 국내 주식 보유 잔액은 19.2% 증가, 외국인 직접 투자(Foreign Direct Investment, FDI) 142.2억 달러로 전년 대비 94.4% 급증하며 최근 5년 사이 가장 높은 수준을 보였다. 부동산 시장에서도 중국 자본의 존재감은 뚜렷하다. 최근 5년간 외국인 부동산 거래의 47%가 중국인 투자자에 의한 것이며, 수도권 아파트를 중심으로 집중적인 매입이 이루어지고 있다. 등기 건수 기준으로는 연평균 8,900건에 이르는 아파트 거래가 중국계 투자로 집계되며, 이는 전체 중국계 부동산 투자 중 약 72%를 차지한다.[18] 또한 2025년 5월 한 달 동안만 해도 서울 내 집합건물(아파트·연립주택·오피스텔)의 소유권 이전 등기가 13,087건에 달했다는 보도도 있다.[19] 이는 한국 자산이 여전히 '저평가된 안전 피난처'로 인식되고 있음을 보여준다.

하지만 안전과 저평가가 오래 병존하기는 어렵다. 외국 자본이 집중될수록 환율과 부동산, 주식시장의 연계 리스크도 커지기 때문에, 정책적 대응과 자본 유입 관리의 정교한 균형이 향후 한국 시장 신뢰도의 핵심 변수가 될 것이다.

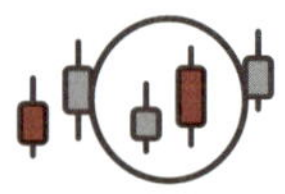

부동산 중심 경제에서
금융 중심 국가로의 대전환

부동산 중심의 나라에서 답을 잃은 부동산

한국 자산시장의 가장 두드러진 특징은 부동산 편중이다. 정부 정책 결정자와 국회의원, 사회 지도층 다수가 부동산을 통해 자산을 축적했다. 언론사 대주주도 예외는 아니다. 서울신문은 호반건설이, 헤럴드는 중흥토건이, 영남일보는 운강건설이 소유하고 있다. 또한 인천일보와 한라일보는 부영그룹이, YTN은 유진그룹이 소유하고 있다.

이처럼 언론과 정책이 부동산 이해관계에 얽혀 있는 구조에서는 자본시장에 대한 신뢰가 뿌리내리기 어렵다. 정부가 정책 목표를 '가격 안정'에만 맞추면, 금융시장은 이를 '정책 프리미엄'이 아니라

'정책 리스크'로 받아들인다. 그 결과 높은 할인율이 적용된다.

정부는 매년 50조에서 100조 원에 이르는 재정을 부동산에 쏟아붓고 있다. 하지만 그만큼 국민의 삶이 나아졌다고 말하기는 어렵다. 서울 강남 3구 아파트 가격은 인구 소멸과 지방 공동화에도 아랑곳하지 않고 여전히 치솟고 있다. 투입된 재정이 내수나 기업 투자로 이어지지 않는 현실에서, 국내 GDP에서 민간 소비가 차지하는 비중이 2024년 기준 47.7%에 그친다는 점은 우연이 아니다.

소비 위축은 기업의 매출과 이익 감소로 이어지고, 이는 곧 주식시장 밸류에이션 하락으로 직결된다. 아파트는 아직까지 NFT(Non-Fungible Token)화나 조각 투자 같은 분할 매매가 제도적으로 자리 잡지 못해, 대부분 한 세대가 한 채를 보유하는 구조다. 특히 5060

그림 3-2 | 부동산 제외시 연령별 투자자산 구성 비중(단위: %)

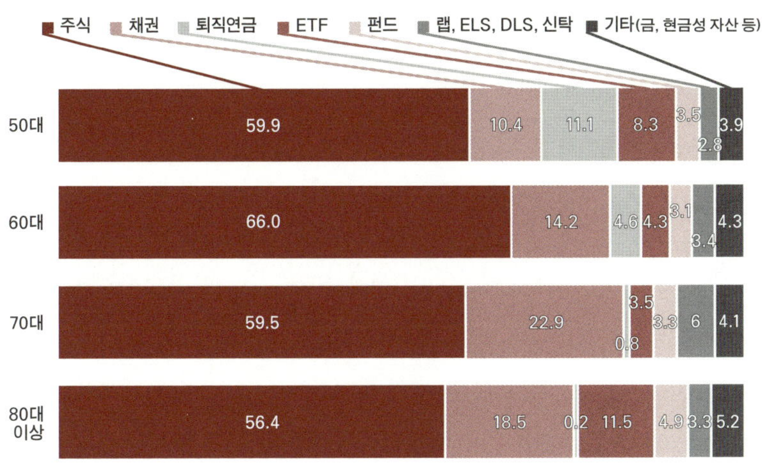

세대는 자산 대부분을 부동산에 집중한 세대다. 집값이 올라야 가계의 부가 늘어나고 소비 여력도 생기지만, 반대로 집값이 떨어지면 국민 모두가 열심히 살아도 자산은 줄어든다. 경제 전반이 부동산 가격에 연동된 이 구조에서는 더 이상 부동산이 해답이 될 수 없다.

비유동 자산이 부의 대부분을 차지하면 금리 상승기에 현금 흐름이 마르고 소비가 위축된다. 이는 기업 이익 정체, PER 하락, 주식시장 약세로 이어진다. 이 복잡한 구조를 어떤 정부, 어떤 정책이 조율할 수 있을까?

실수요자는 합리적인 가격에 집을 살 수 있어야 하고, 세제는 국민이 납득할 수 있어야 한다. 보유세를 높이고 양도세를 낮추는 방식이 해법이 될 수 있을까? 정책이 '집값' 중심일수록 금융과 세제의 변동성은 커진다. 대출 규제 완화와 LTV 조정이 반복되면, 투자자는 더 높은 할인율을 적용할 수밖에 없다. '코리아 디스카운트'는 그렇게 구조화된다.

부동산이 전부인 5060

65세 이상 가구 자산의 83.66%가 부동산이다. 주택이 전부인 상황에서 세금은 부담이며, 집을 팔라고 하면 삶의 터전을 잃는다고 느낀다. 비록 고령층이 보유한 투자자산 중 주식 비중은 50%를 넘지만, 대부분은 비유동 자산이다. 이로 인해 현금 흐름이 제한되고 소

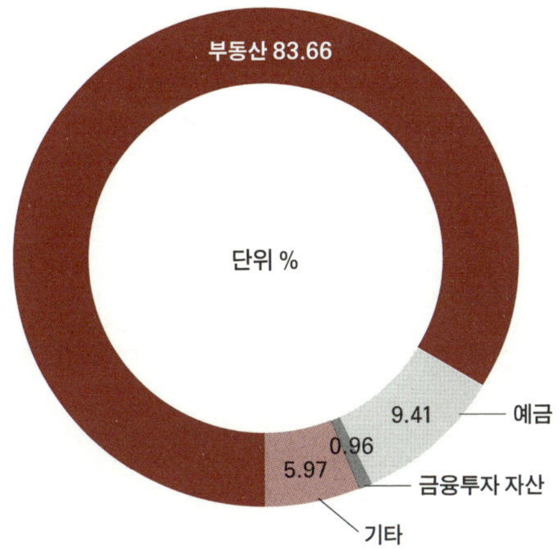

비·투자 여력은 줄어든다. 연금 외 자금의 위험자산 유입은 줄고, 주식시장 유동성도 약화된다.

2023년 기준 무주택 가구는 961만 가구이며, 서울은 전체 가구의 51.7%가 무주택이다.[20] 한쪽은 자산이 부동산에 묶여 있고, 다른 한쪽은 아예 접근조차 어렵다. 이 양극화는 소비력과 투자 여력을 동시에 위축시킨다.

가격 양극화와 자산가의 고령화

부동산의 양극화는 점차 확대되고 있다. 일부 아파트는 초과수요 상태이나, 국민 삶을 위한 '실수요용' 아파트는 공급 과잉이다. 수만

채의 미분양이 쌓여 있다. 지방에는 가격이 저렴한 아파트가 많지만 외면받는다. 가격 양극화는 국민을 부유하게 만들기보다는 분열시킨다. 이런 양극화는 정책 불확실성을 키운다. 수도권 과열과 지방 침체가 공존하면 정부는 세제·공급·대출 조정 등 단기 대응에 집중하게 된다. 금융시장은 이런 불확실성을 할인율로 반영하며, 주식시장 위험 프리미엄은 높아진다.

더 큰 문제는 자산가의 급속한 고령화다. 고령층은 주식 비중을 줄이고, 상속·증여에 더 큰 관심을 둔다. 부동산 중심 자산가의 고령화는 '현금화 압력'을 키우며, 상속세 부담으로 부동산 매물이 쏟아질 경우 PF 부실로까지 이어진다. 이는 주식시장 전반에 신용리스크로 점차 전이된다.

예를 들어, 200억 원짜리 빌딩을 가진 사람이 사망하면, 상속세로 약 90억 원을 내야 한다. 현금이 없다면 빌딩을 팔아야 하고, 시장은 이를 '급매물'로 인식해 150억 원에도 매수하지 않으려 한다. 결국 자산은 명목상 200억이지만, 실질 수익은 기대보다 훨씬 적다. 이렇게 실현되지 않은 부동산 자산은 시장의 유동성을 더욱 약화시킨다.

2023년 한국 가구의 평균 순자산은 8.48억 원이며, 이 중 75%가 부동산이다. 고령층의 자산은 80~90%가 부동산이다. 반면, 일본과 미국은 60~70%가 금융자산이다. 우리나라의 토지 자산 총액은 일본과 비슷하다. 1990년에는 일본의 1/15 수준이었음을 고려하면, 매우 빠른 증가세다.[21]

무주택 가구가 45% 수준이라는 점까지 고려하면, 한국 가계의 자산 불균형은 매우 심각하다. 금융자산이 부족한 경제는 경기 하강기에 대응력이 떨어진다. 이는 한국 주식시장이 구조적으로 낮은 밸류에이션을 받을 수밖에 없는 이유다.

부동산 집중이 막는 소비

젊은 세대는 집을 사기 위해 소비를 줄이고, 집을 가진 세대는 대출 상환 때문에 소비를 줄인다. 외국인 노동자 역시 소비보다는 본국 송금이 우선이다. 결국 기업의 내수 매출이 위축되고, 상장사의 이익은 줄어든다. PER과 PBR이 낮은 이유다.

산업 구조의 변화로 고용 수요는 줄고 있다. 로봇과 AI의 발전은 고용을 대체하고 있다. 소비·고용의 동반 침체는 '소비 → 매출 → 이익 → 투자'의 선순환을 끊는다. 주식시장은 단기 유동성에만 반응하고, 실물과의 연결 고리를 잃는다.

1988~1996년 연 9.1%였던 소비 성장률은 2020년 이후 1.2%까지 떨어졌다. GDP에서 내수 소비 비중은 2002년 56.3%에서 2021년 47.1%로 감소했다. 60세 이상 평균 소비 성향도 81.3%에서 64.6%로 줄었다.[22] 대부분의 가구가 부동산에 돈이 묶여 있어 소비 여력이 크게 위축된 상태다. 이는 가계 자산이 생산적 투자보다 비유동 자산에 쏠려 있음을 보여준다. 그 결과 주식시장은 실적 기반 성장

모멘텀 확보가 어려운 구조에 놓여 있다.

인구 소멸과 부동산

인구 소멸과 부동산은 악순환의 고리를 돌기 시작했다. 산술적으로
는 분양 가능성이 있다고 판단해 지방에 과잉 공급한 물량은 결국
미분양으로 이어진다. 이는 건설회사들의 부채로 이어지며, 지방 소
멸의 위기 속에서 부동산과 건설사는 더 많은 빚을 떠안게 된다. 정
책결정자들의 고심이 더욱 깊어지는 이유다. 건설·PF 부실은 금융
기관의 자산 건전성을 흔들고, 이는 코스피 전반의 리스크 프리미
엄 상승으로 이어진다. 미분양이 반복될수록 주가는 이를 빠르게
선반영한다.

2025년 7월 시사저널은 지방 건설사의 줄도산을 우려했다. 2024
년 부산에선 남흥건설 등 6개 건설사가 부도났고, 시공 능력 평가 7
위인 신태양건설은 기업회생절차를 밟고 있다. 광주의 영무토건도
법정관리를 신청했다. 이들은 모두 2022년 레고랜드발 프로젝트파
이낸싱(Project Financing, PF) 사태와 공사비 인상을 위기 원인으로
지목했다.

그러나 문제의 본질은 수급이나 규제가 아니라, 사회 구조의 균열
이다. 2025년 상반기, 서울의 주택 청약 경쟁률은 180대 1까지 치솟
았다. 반면, 부산은 0.79대 1에 그쳤다. 부산에서는 분양한 8곳 중 5

곳이 미분양이었고, 대구는 7곳 중 4곳, 광주는 5곳 중 3곳에서 미분양이 발생했다.[23]

지방의 미분양과 수도권의 과열이 동시에 존재하는 '이중 불균형'은 정부를 단기 대책 중심의 정책으로 몰아간다. 외국인 투자자 입장에서는 이러한 불확실성이 코리아 디스카운트를 상시화시키는 구조적 요인으로 작용한다.

유동성 공급과 자산 가격

각국 정부가 유동성을 공급하면서 인플레이션이 가속화될 가능성이 커졌다. 국민들이 이런 상황에서 대응할 수 있는 수단은 부동산, 주식, 암호 자산 정도다. 하지만 부동산은 모든 국민이 접근하기 어렵고, 암호 자산은 펀더멘털이 없다. 오직 수급과 신뢰에 기반할 뿐이며, 정책에 따라 언제든 흔들릴 수 있다. 금값이 산업 수요의 변화 없이 상승하는 것도 결국 신뢰 때문이다. 비트코인 역시 신뢰 기반 자산이며, 신뢰가 깨지면 가격도 무너진다. 펀더멘털이 없는 자산은 본질적 가치를 지탱할 구조가 없다. 반면, 펀더멘털이 있는 주식은 유동성이 공급되면 가장 먼저 반응하고, 자본이 효율적으로 재배분되는 통로 역할을 한다.

모든 국민이 부자가 될 수 있는 자산은 펀더멘털이 있는 자산이다. 주식은 인플레이션 국면에서 어느 정도 가격 상승을 통해 대응

할 수 있으며, 특히 배당과 이익이 유지되는 기업 중심의 주식 투자
는 현실적인 인플레이션 헤지 수단이 된다.

고령화 사회에 더욱 필요한 주식

인플레이션을 방어하면서 국민들의 노후 자산을 관리해야 하는 연
기금의 입장은 더욱 중요해진다. 연기금은 꾸준히 주식 자산 비중
을 확대해야 한다. 직장인들이 연금저축을 통해 주식시장에 신뢰를
쌓는다면, 국민의 투자 비중도 자연스럽게 높아질 수 있다.

이와 같은 구조는 미국의 401(k) 제도에서 확인할 수 있다. 401(k)
는 근로자가 일정 금액을 세금 유예 방식으로 적립하고, 이를 펀드
나 주식 등 다양한 자산에 투자하는 퇴직연금 제도다. 미국 국민이
자산의 상당 부분을 주식에 두는 이유도, 이 제도를 통해 주식시장
에 대한 신뢰가 오랜 기간에 걸쳐 축적되었기 때문이다. 한국도 마
찬가지다. 제도적으로 주식시장에 대한 신뢰가 쌓이고, 주식 자산
의 비중이 확대된다면, 중장기적으로는 자연스러운 우상향 흐름이
가능하다.

특히 디폴트옵션, 타깃데이트펀드(Target Date Fund, TDF) 같은
장기 자동화 금융상품은, 제도적으로 연금 자금이 주식시장으로
흘러들어가도록 설계해야 한다. 주식 비중이 높아지면 코리아 디스
카운트는 완화되고, 장기 복리의 효과가 국민 경제 전반으로 퍼져

나간다.

　앞서 지적했듯, 한국의 연금저축은 지나치게 안전자산에 치우쳐 있다. 예·적금은 법정화폐를 모으는 것이다. 하지만 인플레이션 시대에는 그 화폐 가치가 하락한다. 과거에는 부동산이 인플레이션에 대응하는 수단이었지만, 앞으로는 주식이 대안이 되어야 한다. 이제 필요한 변화는 '부동산 공화국'에서 '금융 공화국'으로의 전환이다. 이것이 한국 자본시장의 체질 개선이며, 이 변화가 시작되어야만 한국 주식시장은 저평가의 굴레에서 벗어날 수 있다.

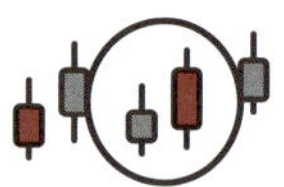

유동성과 인플레이션이 만든 자산 재편의 타이밍

부채로 유지되는 성장, 멈출 수 없는 유동성

2008년 글로벌 금융위기 이후 시작된 미국의 유동성 공급은 2020년 코로나19 위기 때 다시 한 번 위력을 발휘했다. 당시 미국 정부는 과감한 자금 투입으로 금융시장 붕괴를 막았지만, 그 대가로 정부 부채는 눈덩이처럼 불어났다. 위기 대응이라는 명분 아래 시작된 유동성 공급은 이제 미국만의 문제가 아니다. 한국 역시 점점 더 정부 재정에 의존하는 구조로 들어서고 있다.

한국은 거의 모든 산업에 정부 재정이 투입된다. 교통, 언론, 대학은 물론이고 출생부터 학교, 취업, 노후까지 정부가 다양한 방식으로 자금을 지원한다. 뮤지컬 공연이나 문화 행사도 '기본소득 보장'

의 이름으로 보조금을 받는다. 정부 지원이 끊기면 곧바로 수입이 줄고, 생계가 어려워지는 구조가 고착화되고 있다. 대학교수의 연구, 지자체 관급 계약, 각종 지역축제까지 예산 의존도가 높다.

그런데도 선거는 반복되고, 감세 정책은 확대된다. 성장률은 낮고 법인세는 줄며, 세수는 부족하다. 세수 부족, 감세, 반복되는 선거, 정부 부채 확대, 기본소득, 지역화폐. 이 모든 요인이 유동성 공급이 멈추기 어려운 이유다.

이런 가운데 2025년 7월, 미국은 OBBBA법을 통과시켜 대규모 감세와 함께 부채 한도 5조 달러 확대를 단행했다. 주목할 점은 자금 조달 방식이다. 미국 재무부는 장기채가 아닌 단기 국채 중심으로 자금을 마련하며, 이는 빠른 유동성 순환을 고려한 설계다. 지니어스법을 기반으로 한 스테이블코인 발행사들이 주요 매입처가 될 가능성이 높다. 즉, 정부 부채와 민간 자본의 결합을 통한 유동성 공급 구조다. 핵심은 단순하다. 부채 한도 5조 달러 확대는 곧 시장에 5조 달러의 유동성이 풀린다는 뜻이며, 그 파장은 결코 작지 않다.

'민간 화폐'가 바꾸는 부채의 질서

정부만이 유동성을 공급하는 것은 아니다. 민간의 신용 창출 역시 또 다른 유동성 공급이다. 2025년 세계 금융시장이 주목하는 스테이블코인은 민간이 화폐를 발행하는 형태로, 외국환거래법의 경계를 사실상 무력화시키고 있다. 달러 기준으로 보면 스테이블코인은 미국 국채의 수요 역할을 하면서도, 실제로는 해외로 유출되어 타국의 인플레이션을 자극한다.

결과적으로 미국은 '꿩 먹고 알 먹는' 정책을 구사한다. 막대한 국가 부채를 유지하되, 인플레이션과 점진적인 통화가치 절하를 통해 실질 부채를 서서히 줄이는 것이다. 이는 상환 능력의 문제가 아니라 화폐 가치의 문제로 부채를 관리하는 전략이다.

은퇴 세대가 기대하고 요구하는 전통적인 자산 관리 방식은, 지금 같은 고인플레이션 환경에서도 과연 여전히 유효할까? 국민들이 인플레이션과 법정화폐 가치 하락에 대비하기 위해 세워야 할 현실적이고 지속 가능한 자산 관리의 기본 원칙은 무엇일까?

현재 스테이블코인의 시장 규모는 약 376조 원(2,718억 달러)이며, 미국 재무장관은 2030년까지 3조 7천억 달러 규모로 성장할 것으로 내다본다. 법안은 준비자산을 현금·예금·만기 93일 이내 단기채로 제한했다. 이는 향후 5년간 시장이 13배 이상 성장할 수 있음을 의미하며, 스테이블코인이 미국 정부의 부채 확대 과정에서 핵심 역할을 할 것임을 보여준다.[24]

한편 OBBBA법은 개인소득세율 인하와 법인세 최고세율 인하의 영구화를 포함한다. 단기적으로는 경기 부양 효과가 있겠지만, 장기적으로는 미국 정부의 디폴트(채무불이행) 위험을 높인다. 미국의 회예산처(Congressional Budget Office, CBO)는 2034년까지 연방 적자가 3.4조 달러 증가할 것으로 추정하며, 부채 한도를 5조 달러 늘려 단기적 위험은 막았지만, 구조적 위험은 더 커졌다고 본다. 미국의 2024년 재정적자는 1.8조 달러로 GDP의 약 6% 수준이며, 2035년에는 9%에 이를 것으로 전망된다.[25] 달러가 기축통화라 발행으로 부도를 피하더라도, 그 과정에서 발생할 세계경제의 불안정성은 피하기 어렵다.

국채의 시대, 누가 그 빚을 사줄 것인가

한국은 아직 미국처럼 거대한 감세·부채 패키지를 통과시키지는 않았지만, 국채 발행 확대는 이미 피할 수 없는 흐름이다. 정부는 재정을 안정적으로 운용하기 위해 국채 발행을 늘려야 하고, 그 국채를 소화할 수 있는 지속적 수요 기반을 확보해야 한다.

문제는 국민의 자산 선호가 여전히 부동산에 치우쳐 있다는 점이다. 정부는 국채를 소화해야 하고, 국민은 부동산을 선호하니 주식시장은 늘 정책 우선순위에서 밀려왔다. 재정정책의 확대는 필요하지만, 그 청구서가 언제, 어떤 방식으로 국민에게 돌아올지가 관건이다. 국세 미납분 징수나 용적률 확대를 통한 개발 정책으로 세원을 확보할 수 있을지는 결국 시간을 두고 지켜봐야 한다. 국채 발행 규모의 확대는 피하기 어려워 보이며, 국채 수요 기반을 마련할 실질적인 정책 실행 여부가 관건이다.

세원이 안정적으로 확보된다면 국채 발행 규모를 줄일 수 있고,

이는 간접적으로 국채 수요를 확보하는 효과로 이어진다. 이를 위해 정부는 과거 인하했던 법인세, 대주주 양도소득세 기준, 증권거래세 등을 원상회복하려는 움직임을 보이고 있다. 또한 배당소득 분리과세, 근로소득세, 상속·증여세, 부동산세 등 세제 전반의 중장기 개편이 검토 중이며, 종합부동산세 역시 다음 과세기준일인 2026년 6월 이전에 시행령 개정이 이뤄질 가능성이 높다.[26]

이 과정에서 특히 주식 양도소득세 기준을 10억 원 수준으로 조정하려는 방안은 시장의 강한 반발을 불러왔다. 세원 확보에 앞서 '큰손 개미'를 겨냥한 과세 강화가 오히려 대주주 견제 기능을 약화시켜 결과적으로 대주주에게 유리한 정책으로 작용할 수 있다는 점을 간과해서는 안 된다. 세원이 원활히 확보되지 못할 경우 국채 발행은 자연스럽게 증가할 것이며, 그 국채를 누가 사줄 것인가 하는 문제는 다시 정부의 부담으로 남게 될 것이다.

화폐는 약해지고 자산은 오른다

경기 침체가 지속되는 상황에서 정부는 부채 확대와 유동성 공급을 피할 수 없다. 유동성 공급이 늘어나면 시차를 두고 화폐가치가 하락하기 마련이다. 이는 불가피한 과정이다.

화폐가치의 하락은 자산 가격 상승으로 이어지는 고리를 끊을 수 없다. 정부의 유동성 공급이 불가피하다면, 일정 시간이 지나 자산 가격 상승 또한 피할 수 없다. 따라서 투자자는 이러한 흐름에 대응해야 하며, 한국 주식을 적극적으로 활용하는 전략이 필요하다. 화폐가치가 하락하는 시대에는 안전자산의 기준이 명목 금액이 아니라 실질 가치가 되어야 한다. 즉, 예·적금이 아닌 주식이 진정한 의미의 안전자산이 될 수 있다.

유동성 공급과 화폐가치 하락은 전 세계가 직면한 공통 과제다. 이 과정에서 의사 결정이 잘못 이루어지는 국가는 경제 혼란을 피할 수 없다. 한국 역시 세수 확보와 재정 지출 관리의 중요성이 커지고 있다. 불가피한 유동성 공급과 화폐가치 하락의 흐름 속에서 정책 당국이 합리적이고 시의성 있는 대응을 하지 못한다면, 주식시장은 즉각적으로 부정적 반응을 보일 것이다.

그러나 장기적으로 보면, 화폐가치 하락은 명목상 주가를 상승시키는 요인이 되기도 한다. 답답한 현실이지만, 그 속에서도 기회는 존재한다.

PART 4

반복된 역사에서 배우는 투자 교훈

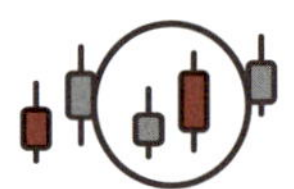

테마 주도주의 명암: 에코프로와 수젠텍

테마주의 순환: 기대가 만든 신기루의 역사

우리는 '테마주'라는 말만 들어도 눈길이 간다. 항상 테마주에는 관련 보고서가 등장한다. 그리고 그 당시에는 주식 투자자로서 돈을 벌 수 있는 좋은 기회로 보인다. 아무리 기울어진 운동장이라 해도, 외국인들이 수익을 독식한다 해도, 달리는 말에 올라타면 다소 위험할지 몰라도 은행 이자의 2배, 3배가 아닌 50%, 100% 수익도 날 것처럼 느껴진다. 보고서를 보면 10배는 가야 한다니, 100% 수익은 오히려 겸손한 기대처럼 보일 정도다.

그런데 시간이 지나면 테마주는 결국 항상 테마주였다. 급등 후 제자리, 전형적인 패턴이 반복된다. 그리고 지금 이 순간에도 테마주는 존재하고, 한국 주식시장에는 계속해서 등장할 것이다. 턴어라운드, 대변혁 같은 그럴싸한 말들이 등장하지만 테마주의 대부분은 실적이 없거나, 기대와 전망만으로 가격이 형성된 종목들이다. 문제는 주가가 이미 투자자들의 평균적인 기대와 전망을 반영하고 있다는 것이다.

그래서 테마주에서 수익을 내기란 쉽지 않다. 테마주로 수익을 내려면 시장 평균보다 훨씬 강한 전망을 해야 하고, 그 전망이 실제로 들어맞아야 한다. 하지만 냉정히 말하면, 개인 투자자가 시장 전문가들과 차별적인 전망을 하기란 거의 불가능하다. 정보도 부족하고, 분석 능력이나 경험도 제한적이다. 결국 개인은 시장의 전망을 따라갈 수밖에 없고, 그렇게 되면 이미 반영된 주가 속에서 수익을 내기는 더더욱 어려워진다.

이미 많은 테마주의 주가는 매출이 10배, 수익이 10배로 늘어날 것을 전제로 움직이고 있다. 시장은 미래를 선반영한다는 말이 있는데, 테마주는 그 대표적인 예다. 그러나 정작 투자자들은 이러한 주가 수준을 뒷받침할 정보도 부족하고, 믿을 만한 전망도 갖고 있지 않다. 시간이 지나면 대부분 그 실적은 현실에서 실현되지 않는다. 가끔 운이 좋아 매출이 5배, 수익이 5배 늘어나도 주가는 하락한다. 더 이상 기대할 것이 없기 때문이다.

결국 투자자들은 '역시 주식 투자는 어렵다'라며 주식시장에 등을 돌린다. 주식시장을 떠나는 개인들이 생긴다. 하지만 시간이 조금만 지나면 새로운 테마주가 등장하고, 사람들은 과거의 기억은 잊은

채 다시 테마주에 몰려든다. 이 상황은 반복된다. 그래서 테마주는 사라지지 않는다.

2023년 이차전지 광풍: 테마주 생성과 붕괴

2023년, 에코프로라는 이차전지 관련주는 15배 이상 상승했다. 이차전지 산업에 대한 기대, 실적 개선, 성장성 부각, 동학개미 현상, 그리고 투자자들을 덮친 FOMO(놓치면 안 된다는 두려움)가 주가 상승을 이끌었다. 글로벌 시장에서의 경쟁력, 유튜브에서 확신에 찬 전문가들의 영상, 높은 가격이었지만 미래를 위한 투자라는 믿음이 투자 참여를 부추겼다.

그림 4-1 | 에코프로 주가 흐름(2025년 10월 31일 기준)

그러나 강한 전망이 이미 반영된 가격을 시장은 점점 고평가로 보기 시작했다. 외국인과 기관의 공매도, 테마주에 대한 피로감, 그리고 실적 모멘텀 둔화가 겹치며 주가는 서서히 하락하기 시작했다. 주춤하는 투자자들이 늘자 수급이 꼬였고, 결국 중국의 저가 모델 등장이 결정타가 되었다. 2023년 에코프로의 급등과 급락은, 테마주가 어떻게 형성되고 어떻게 붕괴되는지를 보여주는 대표적인 사례였다.

2020년 공포와 기대가 만든 코로나 테마주

우리는 코로나라는 전대미문의 전염병을 경험했다. 당시, 전염병은 시간문제일 뿐 결국 극복될 것으로 보였다. 그러나 진단키트 관련주는 예외 없이 테마주가 되었다.

미국 FDA의 긴급사용승인(Emergency Use Authorization, UEA)에 대한 기대감이 주가를 끌어올렸고, 전 세계적으로 진단 수요가 폭증할 것이라는 전망에 따라 실적 급등을 주가가 먼저 반영했다. 수젠텍의 방역 키트 해외 수출 허가 소식과 함께, K-방역이라는 이름으로 씨젠, 랩지노믹스 등의 주가가 동반 상승했다.

하지만 전염병은 결국 시간이 지나면 약화되기 마련이다. 주가의 열기는 오래가지 못했고, 테마주에서 흔히 반복되는 패턴인 '기대 대비 낮은 실적'이 다시 나타났다. 계약을 맺었다고 해서 바로 현금

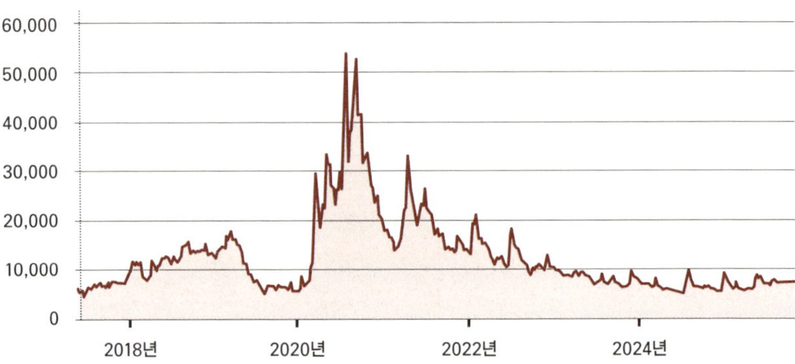

이 유입되는 것도 아니었고, 그 사이 전염병은 진정 국면에 접어들었다. 더구나 2020년 하반기부터 미국과 유럽의 관심은 진단에서 백신으로 옮겨갔다. 생각해보면, 진단도 중요하지만 치료가 더 중요하다. 과도한 기대 이후 찾아온 실망 매물, 그리고 테마 해소의 전형적인 과정을 그대로 밟은 셈이다.

2020년 9월, 더벨의 보도에 따르면 수젠텍은 미국 FDA로부터 항체 신속진단키트 사용 승인을 받았다고 발표했다. 하지만 업계의 반응은 엇갈렸다. 수젠텍의 발표와 달리, 실제로 수출 공급계약이 체결되지 않은 상황에서 향후 실적으로 이어질지에 대한 회의적인 시각도 적지 않았다.[1]

인류에게 코로나는 전대미문의 전염병이었다. 전 세계가 고립되고, 이동이 제한되면서 사람들의 일상이 멈춰 섰다. 일시적이지만 재택근무가 일반화되고, 비대면 회의가 확산되면서 우리는 원하든 원하지 않든 새로운 생활 방식을 경험했다.

주식시장도 예외가 아니었다. 진단키트, 백신, 비대면 관련 종목의 희비가 엇갈렸고, 물 들어올 때 노 젓는다는 말처럼 빠르게 기회를 포착한 투자자도 있었다. 그러나 냉정히 보면, 상장폐지를 앞둔 종목의 정리매매처럼 일시적인 흐름이었을 수도 있다. 코로나는 결국 일정 시간이 지나면 완화될 전염병이었기 때문이다.

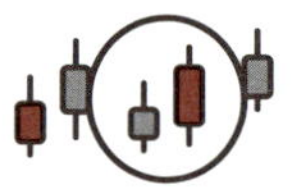

미래 산업의 환상과 현실:
NFT와 신풍제약

서울옥션의 짧은 질주와 NFT의 환상

서울옥션은 2021년 NFT 사업 진출을 발표하며 주가가 급등했다. 물론 기사 한두 개로 설명하기는 어렵지만, 단기적 관심에 따라 주가가 급등했다가 하락한 전형적인 종목이었다. 사람들은 언제나 돈으로 경제적 가치가 있는 무언가를 사고 모으고 싶어 한다. 그리고 그것의 가격이 오를 것이라는 기대, 더 높은 가격으로 되팔 수 있다는 믿음이 생기면 투자는 빠르게 몰린다.

2021년은 코로나 이후 시중에 유동성이 넘쳐나던 시기였다. MZ세대까지도 새로운 투자 자산을 찾기 시작했고, 미술품이 그 대상에 포함되었다. 당시에는 미술품을 팔며 연수익을 보장한다는 광고까지 등장했다. 미술품 투자 열기에 더해, 서울옥션의 NFT 사업 진출이 주가 급등의 결정적 계기가 됐다.

서울옥션은 세상의 변화를 읽고 발 빠르게 움직이는 기업이다. 시간이 지나면 미술품이 NFT와 연계될 것이라는 흐름은 분명했다. 다만 2021년 당시 NFT 사업은 아직 방향과 개념 수준에 머물러 있었음에도 시장은 마치 곧 실적이 발생할 것처럼 인식했다. 서울옥션이 NFT 사업 진출을 발표한 의도에 대해 의심의 시선이 따랐던 이유다.

NFT가 남긴 흔적과 서울옥션의 현실

준비되지 않은 사업은 실적으로 이어지기 어렵다. NFT와 메타버스는 뚜렷한 가시적 성과를 내지 못했고, 열풍이 식자 서울옥션의 주가도 다시 제자리로 돌아왔다. 미술품 시장의 경기 둔화가 겹치며 실적 부진과 주가 하락이 동시에 나타났고, 실망한 투자자들은 자연스럽게 떠나갔다.

2021년 6월에는 글로벌 경매사 크리스티, 소더비, 필립스가 잇따라 NFT 경매에 참여했고, '비플(Beeple)'의 작품이 약 770억 원에 낙찰되며 세간의 주목을 받았다. 한국에서도 서울옥션과 카카오가 NFT 시장 진출을 선언했고, 서울옥션은 업비트를 운영하는 두나무와 파트너십을 위한 MOU를 체결했다.[2]

그로부터 4년 8개월이 지난 2025년 2월, 서울옥션은 여전히 NFT 사업을 이어가고 있다. 업비트 거래소와 서울옥션 관계사 서울옥션엑스를 통해 실물 미술품을 NFT 형태로 거래하고 있으며, 미술품 분야 전반에 블록체인 기술을 확장 적용하려는 시도를 계속하고 있다. 모회사인 서울옥션블루는 미술품 조각 투자 플랫폼 소투(SOTWO)를 통해 투자계약증권을 발행하며 토큰증권(Security Token Offering, STO) 사업에도 나섰다.[3] 지금은 더 이상 '테마주'가 아니다. 시장의 관심은 줄었지만, 그때의 과열이 남긴 흔적은 여전히 남아 있다.

2021년의 주인공: NFT와 메타버스

5년, 10년을 보유하면 한 번쯤은 오를 수 있을까? 투자자 본인이,

혹은 지인이 관련 업종에 있다면 그 흐름을 미리 알아채 활용할 수 있을까? NFT는 중요해 보인다. 단발적인 유행은 아닐 수도 있다. 하지만 투자의 시각은 다를 수 있다.

2021년, 주식시장에서 NFT, 블록체인, 메타버스는 핵심 테마였다. 서울옥션을 비롯해 관련 종목들이 빠르게 움직였다. 그 시도는 전반적으로 다소 이른 감이 있었고, 미래에 그 기업들이 진짜 수혜주가 될지 여부는 시간이 말해 줄 것이다.

2021년 연간 주가 상승률을 보면, 서울옥션은 8위였다. 가장 높은 상승률을 기록한 종목은 데브시스터즈였다.[4] 숫자만 봐도 당시의 열기를 짐작할 수 있다.

표 4-1 | 2021년 수익률 상위 종목

순위	종목	등락률
1	데브시스터즈	506.04%
2	위지윅스튜디오	504.54%
3	한국비엔씨	497.80%
4	한전기술	391.71%
5	덱스터	386.09%
6	자이언트스텝	355.94%
7	효성첨단소재	331.13%
8	서울옥션	301.55%
9	액션스퀘어	293.87%
10	컴투스홀딩스	286.45%

순위	테마명	등락률
1	NFT(대체불가능토큰)	275.02%
2	디지털 자산·블록체인	114.52%
3	메타버스	107.79%
4	비철금속·알루미늄	89.92%
5	원자력	81.18%

그림 4-4 | 데브시스터즈 주가 흐름(2025년 10월 31일 기준)

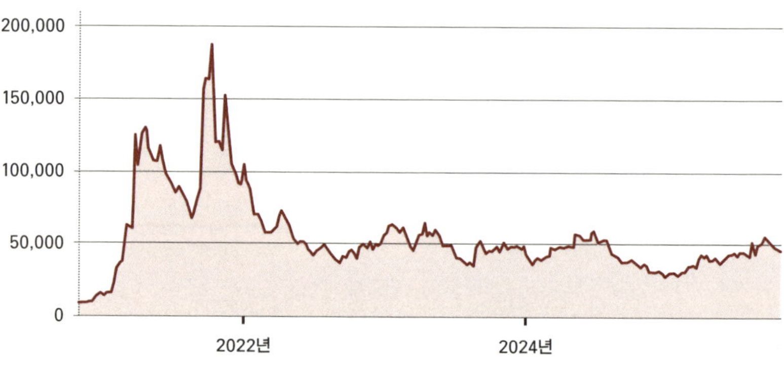

코로나 치료제 기대와 신풍제약의 급등락

신풍제약은 코로나 치료제 기대감으로 주가가 급등했다가 다시 제자리로 돌아갔다. 진단키트, 백신 등 코로나 관련 종목이 급등락을 반복했던 것처럼, 신풍제약도 말라리아 치료제 '피라맥스'가 코로나

19 치료제로 전환될 수 있다는 소식이 급등의 출발점이었다. 2020년, 임상 2상에 들어갔다는 발표가 나오면서 '한국판 렘데시비르'라는 기대가 붙었다. 7천 원이던 주가는 21만 원까지 30배 넘게 올랐다. 복제약과 일반의약품을 만들던 회사가 순식간에 코로나 테마주의 중심에 섰다.

하지만 시간이 지나면서 임상 결과는 '통계적 유의미성이 없다'라는 애매한 결론이 나오고, 사실상 실패로 인식되며 상업화 기대는 사라졌다. 실적은 기대에 미치지 못했고, 공매도, 유상증자 가능성, 자사주 처분 등의 이슈가 이어지며 투자자 이탈이 가속화되었다.

개인 투자자로서 신약 개발 관련 기술이나 사실관계를 명확히 파악하는 건 어렵다. 대부분은 언론을 통해 판단하게 된다. 2020년 3월, 신풍제약은 중국 시장 진출과 임상 추진 전략[5]을 내놓았다가 6개월 뒤 자사주를 처분했다.[6] 주가는 30배, 자사주 처분으로 얻은

그림 4-5 | 신풍제약의 주가 흐름(2025년 10월 31일 기준)

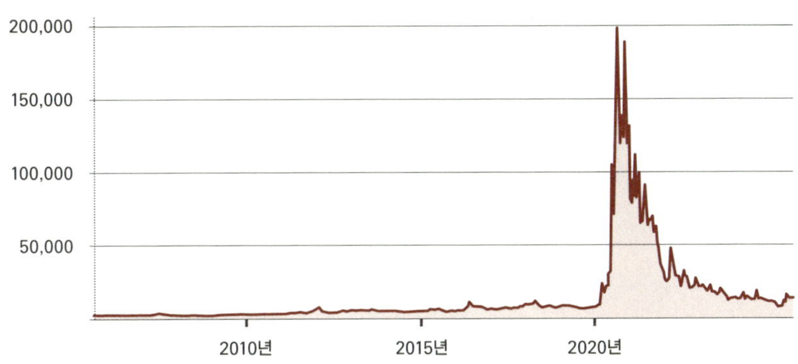

수익은 70배에 달했다. '한국 주식시장의 민낯을 보여준 사례'라는 평가도 나왔다. 이후 5년이 지난 2025년 8월에도 신풍제약의 임상과 특허 논쟁은 여전히 진행 중이다. 대표이사의 진정성에 의문을 제기하는 보도도 이어졌다.[7]

주가 흐름만 보면 하나의 산이다. 시장은 항상 버블을 품고 있고, 투자자가 그 시점에 버블 종목인지 턴어라운드 종목인지 구분하기란 어렵다. 특히 역사의 한복판에서는 더 그렇다. 시간은 지나야 판단할 수 있다.

개인 투자자가 대주주나 경영진의 진심을 알 수 있을까. 특히 제약주는 반복적으로 비슷한 흐름을 보인다. 투자자들의 욕망과, 주가를 조작하려는 세력의 암묵적 교감일 수도 있다. 주가조작에는 강한 처벌이 필요하다. 의도적인 주가 장난은 반드시 막아야 한다. 하지만 투자자들도 불나방처럼 '돈이 될 것 같은 허상'에 끌리는 것, 그 또한 부정하기 어렵다. 많은 사람이 부자가 되는 주식 투자는 테마가 아니라 시장의 안정적인 상승에서 비롯되어야 한다.

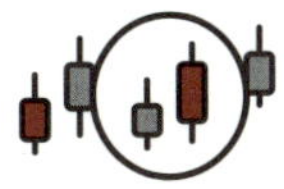

금융위기 이후, 시장의 리더는 어떻게 교체되었는가

1990년대 시가총액 상위 종목

1989년 3월 31일, 종합주가지수가 1,000포인트를 기록했다. 당시에는 제조업보다 은행과 증권사 등 금융회사의 시가총액이 더 컸고, 주식 투자 역시 금융 중심이었다. 이른바 금융·건설·화학으로 구성된 '트로이카'가 시장을 이끌던 시기였다. 그 시절은 기업 가치나 시가총액이라는 개념이 희미했고, 단순히 주가만으로 기업을 평가하던 때였다.

예를 들어 A 증권 주가가 5만 원이면 B 증권도 언젠가 5만 원이 되리라며 매수하는 식이었다. 업종이나 자본금 차이는 중요하지 않았고, 가격만 가지고 이야기하던 시절이었다. 말 그대로 호랑이 담

배 피우던 시절이다. 당시에는 HTS, MTS도 없었다. 투자자들은 증권사 지점을 직접 찾아가 '종이 주문표'를 작성해 창구에 제출해야 했다.

이 시절 시가총액 상위 기업들을 돌아보면, 금융주의 절대적인 비중이 눈에 띈다. 1990년과 비교했을 때 시가총액 상위 30위 안에 여전히 남아 있는 기업은 단 5곳뿐이다. 한국전력, 포스코, 삼성전자, 현대차, LG전자가 그 주인공이다.[8]

1990년부터 1998년까지는 한국전력이 시가총액 1위를 차지했다. 잠시 KT가 1위를 차지한 시기도 있었지만, 2000년 이후로는 삼성전자가 꾸준히 1위를 지켜왔다. 1990년 말 기준으로 3위부터 7위까지는 한일은행(현 우리은행), 제일은행(현 SC제일은행), 조흥은행(현 신한은행), 한빛은행(현 우리은행), 하나은행이었고, 신한은행이 9위에 이름을 올렸다. 당시 30위권 내에는 대우증권을 포함해 증권주가 6개나 포함되어 있었다. 상위 30개 종목 중 절반이 은행과 증권사였으며, 삼성전자는 8위에 머물러 있었다.

이후 1999년 벤처 열풍이 불면서 시장의 판도가 바뀌었다. 이동통신 사업자인 KTF(KT 자회사, 016 번호 사용)와 한솔엠닷컴(KT에 흡수, 018 번호 사용)이 시가총액 10위권에 들었고, 솔본(구 새롬기술), 한글과컴퓨터, 다음(2014년 카카오와 합병) 등 IT 관련 기업들이 새롭게 시가총액 상위권에 이름을 올렸다.

1997년 외환위기, 대마불사 신화가 무너지다

1997년 11월 21일, 우리는 다시는 겪지 말아야 할 사건을 경험했다. 바로 IMF 구제 금융 요청이다. 대한민국은 대표적인 이머징 국가로, 성장 가도를 달리고 있다고 믿었다. 그러나 3대 그룹 중 하나였던 대우가 해체되고, 수많은 은행의 이름이 사라졌다. 단자회사와 종금사로 불리던 금융업도 사실상 자취를 감췄다. 대기업 판도는 뒤바뀌었고, 복잡한 매각과 개명 과정을 거쳐 지금의 시대에 이르렀다.

기아차, 삼미, 한보 같은 대기업들이 줄줄이 부도를 냈고, 주가는 300선까지 추락했다. 시장에서는 'KOSPI200이 아니라 KOSPI 자체가 200이 될 것'이라는 말이 돌았다. 당시 국내 증권사와 기관 투자자들 중 일부는 JP모건이 내놓은 태국 바트화 환율 연계형 다이아몬드 펀드에 가입했다가 원금의 4배가 넘는 손실을 보기도 했다. 금융위기의 충격은 기업과 개인 모두에게 깊은 상처를 남겼다.

하지만 주식시장은 언제나 '가격을 이기는 재료는 없다'라는 진리를 다시 증명했다. 외국인 투자자들은 주가가 바닥을 친 한국 시장에 1998년 2월부터 헐값에 매수에 나섰고, 결국 막대한 수익을 거뒀다. 안타깝지만, 이웃의 불행이 타국의 기회가 되는 것이 국제 금융시장의 냉정한 현실이었다. 일본이 한국전쟁, 한국이 베트남전쟁을 계기로 성장했던 것처럼, 위기는 언제나 누군가에겐 기회였다.

망할 것 같던 주식시장은 1998년 말에는 최저점 대비 50% 이상 반등했다. 외국인 자금이 집중적으로 유입된 IT, 통신, 수출 관련 종목들이 강하게 상승하며 시장을 끌어올렸다. 이 시기를 기점으로 한국 증시는 새로운 주도산업이 탄생하고, 금융위기를 계기로 '대마불사' 신화가 무너진 시대로 접어들었다.

당시 상장 폐지된 기업 중에는 지금은 거의 잊힌 이름들도 있다. 예를 들어 '통일중공업'은 상장 폐지 후 비상장으로 사라졌다가, 2003년에 SNT중공업으로, 2023년에는 SNT다이내믹스로 상호를 바꾸며 명맥을 이어가고 있다.

시가총액 상위 종목의 순위에 변화는 그야말로 변화무쌍하다. 한때 한국 경제를 상징하던 현대, 삼성, 대우의 기업 구조조차 크게 달라졌고, 한보·삼미·진로·대농·한신공영·기아·쌍방울·해태·뉴코아 등이 연이어 무너졌다. 기아차는 현대차에 인수되었고, 대우는 역사 속으로 사라졌으며, 삼성도 결국 자동차 산업에서 손을 뗐다.[9] 그 과정에서 한국 산업의 주도권은 제조업과 금융을 넘어, 수출·IT 중심의 새로운 구조로 재편되었다.

당시 한보철강 부도와 관련해 청와대의 개입 여부가 정치적 논란이 되기도 했다. 국정조사특위에서는 은행감독원장과 여야 의원들 간의 격렬한 공방이 이어졌다. 위기는 단순한 경제 문제가 아니라, 한국 사회 전반의 구조적 문제를 드러낸 사건이었다.[10]

▶ 외국인 지분 폭증 ◀

금융위기로 촉발된 외국인 투자는 삼성전자, 현대차, 포스코 같은 초우량주를 중심으로 시작되었다. 2003년 무렵부터 외국인의 시장 영향력이 본격화되었고, 시가총액 상위 20개 기업의 외국인 지분율은 49.58%까지 올랐다. 연초 45.14%에서 4.44%포인트 증가한 수치다. 보유 금액으로 보면 75조 원에서 104조 원으로, 불과 몇 달 사이에 38.8%나 늘었다.

전체 상장 종목을 기준으로 보면, 외국인 지분율은 1998년 증시 완전 개방 이후 매년 상승했다. 1999년 21.91%, 2000년 30.08%, 2001년 36.62%, 2002년 36.01%, 그리고 2003년에는 사상 최고치인 40.68%까지 올라섰다. 이듬해 외국인 보유 금액은 93조 원에서 140조 원으로 47조 원 증가했으며, 같은 기간 순매수 금액이 13조 원이었던 점을 감안하면 평가 차익만 34조 원 안팎에 이른다.

시가총액 상위 20개 종목 가운데 외국인 보유 비중은 국민은행이 73.28%로 가장 높았고, 다음으로 포스코(66.64%), 삼성전자(57.84%), 삼성화재(56.07%), 신한금융지주(51.88%), 현대차(51.32%) 순이었다. 전체 종목 가운데 외국인 보유 비중은 한라공조가 92.37%로 가장 높았고, 한미은행(89.0%), LG애드(86.30%), 외환은행(78.58%), 한국유리(74.68%), 국민은행 등이 뒤를 이었다.[11]

2008년 금융위기: 태산LCD

한 번이면 족할 위기가 10년 만에 다시 찾아왔다. 바로 2008년 금융위기다. 리먼 브라더스는 역사 속으로 사라졌고, 메릴린치와 베어

스턴스 같은 이름들도 어느새 다른 금융그룹에 흡수되었다. 한국의 주가지수는 1,800포인트에서 900포인트까지, 절반으로 무너졌다.

그로부터 10년 전 IMF 위기를 떠올리게 하듯, 이번에도 환율 연계 상품 사고가 터졌다. 이름은 KIKO(Knock-In Knock-Out)다. 환율 변동 위험을 회피하기 위한 통화파생상품이었지만, 결과적으로 수많은 중소기업에 막대한 손실을 안겼다.

그중에서도 대표적인 피해 기업이 바로 태산LCD였다. 분기 순이익이 100억 원에 이르던 알짜 중견기업으로, 주거래은행은 하나은행이었다. 그러나 KIKO 계약과 급격한 환율 변동이 기업을 무너뜨렸다. 하나금융지주는 관련 대손충당금 1,936억 원을 적립했다고 발표했다. 애초에 환헤지 목적이던 거래가, 결과적으로는 환투기성 파생상품이 되어버린 셈이었다. 이 사건 이후 태산LCD는 상장사 목록에서 완전히 사라졌다.

당시 하나금융이 보유한 태산LCD 관련 파생상품 포지션은 7,800억 원에 달했으며, 환율이 1,200원을 넘어야 일부 손실을 회수할 수 있다는 전망도 나왔다.[12] 금융위기의 충격은 단지 재무제표에 남은 숫자를 넘어서, 기업의 존망을 가르는 시스템 리스크로 확장되었다.

하지만 이야기는 거기서 끝나지 않았다. 태산LCD는 '생존 2009' 슬로건을 내걸고 전사적인 혁신에 나섰고, 결국 회생절차를 거치며 생존에 성공한다.[13] 삼성전자가 신뢰를 유지하며 기술과 물량을 지원한 것이 결정적이었다.

2008년 금융위기는 단순한 충격을 넘어, 한국 주식시장의 권력 지형 자체를 바꿔놓았다. 시가총액 상위 10개사 중 절반이 교체되었다.[14] 위기는 단순히 지수를 무너뜨린 것이 아니라, 산업의 중심축과 기업의 위상을 송두리째 바꿔놓았다. 한때 시장을 대표하던 현대중공업, KB금융, KT&G, LG전자, KT는 차례로 자리를 내주었다. 그 자리를 대신 차지한 것은 현대차, 기아차, 현대모비스, SK하이닉스, 네이버였다. 제조와 통신 중심의 산업 구조에서, 기술·자동차·디지털 중심으로 주도권이 이동한 것이다.

삼성전자는 여전히 1위를 지켰지만, 그 밖의 구도는 크게 달라졌다. 포스코의 시가총액 비중은 5.74%에서 2.50%로, 한국전력은 3.29%에서 2.25%로, SK텔레콤은 2.94%에서 1.95%로, 신한지주는 2.04%에서 2.01%로 축소되었다.

시가총액 상위 종목들의 주가 흐름

투자 성과를 분석하며 주의할 것이 있다. 생존자 편의(Survivor's Bias)다. 주가지수를 분석하거나 현재의 시가총액 상위 종목을 분석하는 경우 현재 시점을 기준으로 분석하면 과거에는 상위 종목이 아니었을 수 있어 성과가 좋게 보일 수 있다. 그러나 1990년, 1998년, 2008년을 기준으로 시가총액 상위 종목을 분석한다면 결과가 다르게 나

그림 4-6 | 삼성전자의 전체 주가 흐름(2025년 10월 31일 기준)

그림 4-7 | 현대차 전체 주가 흐름(2025년 10월 31일 기준)

그림 4-8 | 대우건설 주가 흐름(2025년 10월 31일 기준)

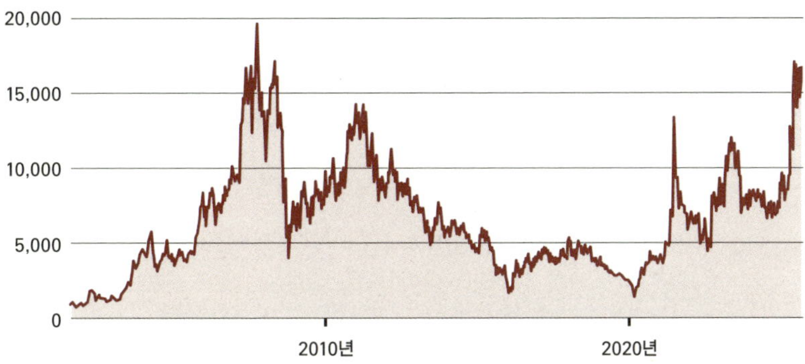

타날 것이다.

삼성전자, SK하이닉스, 현대자동차는 물론 대우건설, 대우중공업 (현 HD현대인프라코어) 등의 전기간 주가를 보자. 한보철강이나 통일중공업 주가를 보면 더 좋을 수 있지만 이제 의미가 없는 회사들이라 포함하지 않는다. 회사들의 주가 흐름은 각양각색이다. 삼성전자는 1998년 3만 원대(액면분할 50배로 700원대)까지 하락하기도 했다. 10만 전자는 140배 이상 오른 가격이다. 현대차는 20배가량 상승했다. 대우건설은 큰 폭의 하락을 보였다.

주식의 역사에서 온 국민을 울고 웃게 만든 종목은 하이닉스다. 현대전자와 LG반도체를 거쳐 지금의 SK하이닉스로 이어졌다. 이제는 명실상부한 대장주가 되었다. 감자를 감안하면 과거에는 이미 25만 원, 70만 원에 거래된 적이 있었다. 당시 주가가 200원대까지 내려간 시절도 있었다. '하이닉스 살리기 국민운동본부'가 있었다는 사실은 그 시절의 절박함을 보여준다. 최근 주가가 크게 올랐지만,

사상 최고치에는 여전히 미치지 못한다는 점이 아이러니하다. SK하이닉스가 신고가를 기록했다는 말은 절반만 맞는 이야기다.

2003년 2월, 하이닉스는 21대 1 감자를 결정했다. 그 무렵 '하이닉스 살리기 전국운동협의회'가 결성되었고, 회장은 감자를 의결한 주총이 끝난 뒤 무효 소송을 제기하겠다고 밝혔다.[15] 감자 이후 하이닉스의 주가는 새출발을 알리며 신고가를 기록했지만, 감자를 반영한 연속 주가로 보면 여전히 과거 고점과는 거리가 있다.

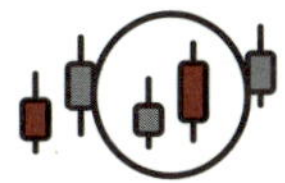

반복되는 버블의 패턴: 새롬기술과 삼천리자전거

대한민국의 대표 버블 새롬기술

주식시장에서 버블은 항상 존재한다. 50~60대 주식 투자자에게 한국 주식시장의 대표 버블 종목을 꼽으라면 단연 새롬기술이다. 지금의 종목명은 솔본이다. '다이얼패드'라는 인터넷 무료 전화가 이슈가 되면서 연일 상한가 기록을 갈아치웠다. 실질적인 수익 모델이나 실적이 없음에도 시가총액이 5조 원을 넘었다. '한국의 야후'로 불리며 IT 버블의 상징이 되었다. 그러나 버블은 결국 붕괴되었고, 새롬기술의 주가도 연일 고꾸라졌다. 감자 이전 30만 원이던 주가는 3만 원으로 하락했다. 수익성이 뒷받침되지 않는 종목의 주가는 결국 제자리를 찾아간다.

대표적 버블 종목의 주가 흐름

새롬기술의 주가는 상장 이후 단기간에 150배 상승했다. 전무후무한 사례다. 당시 시장은 새롬기술을 중심으로 IT 버블의 열기에 휩싸였고, 이후에는 신풍제약과 에코프로 등에서도 비슷한 양상이 반복되었다. 대표적인 급등주의 흐름을 보여주는 주가 그래프를 아래에 정리한다.[16]

초전도체 관련주였던 서남, 코로나 치료제 관련주 신풍제약 그리고 코로나 진단주 관련주 씨젠의 주가 그래프를 보면, 순간적으로는 좋은 기회로 보일지 모르지만, 전체적으로 보면 피해자가 더 많은 것이 버블이 만들어내는 주가의 전형적 모습이다.

그림 4-10 | 한국 주식시장에서 대표적 버블 사례

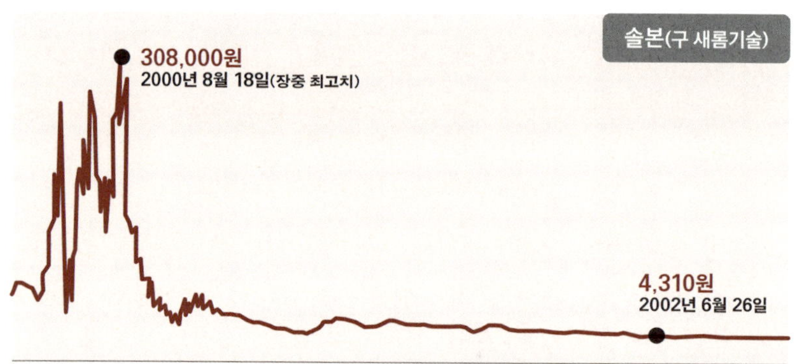

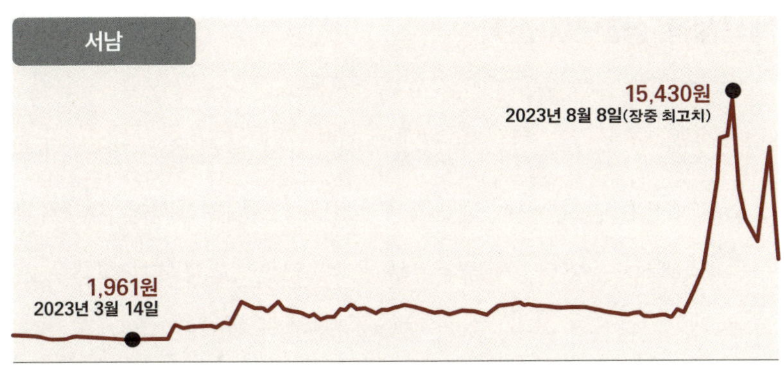

서남
15,430원
2023년 8월 8일(장중 최고치)
1,961원
2023년 3월 14일

신풍제약
214,000원
2020년 9월 25일(장중 최고치)
3,669원
2014년 10월 2일

씨젠
161,926원
2020년 8월 14일(장중 최고치)
7,262원
2019년 1월 4일

녹색성장, 삼천리자전거

'전 국민이 특정 회사 자전거를 두 대씩 사야 한다'라는 말이 나올 정도로 유명했던 종목이 삼천리자전거다. 그만큼 가격이 지나치게 부풀려졌다는 뜻이다. 이명박 정부가 '녹색성장'을 강하게 내세우고, 자전거도로 정책을 주요 공약으로 제시하면서 삼천리자전거는 대표적인 정책주로 각광받았다. 수도권 자전거도로 확충, 국토종주 자전거길 건설, 4대강 자전거도로 사업 등 친환경 교통수단을 생활형 인프라로 구축하려는 정책이 추진되었다.

2025년 현재, 전국 곳곳에 자전거도로가 생기고 자전거 인구도 크게 늘었지만, 주식시장에서의 주가는 과도한 반응과 제자리 찾기를 반복했다. 삼천리자전거는 2008년 이후에도 몇 차례 상승 시도를 보였으나, 결국 버블의 파동을 완전히 벗어나지는 못했다.

그림 4-11 | 삼천리자전거 전체 주가 흐름

2007년 중국펀드: 중국 주가지수

2000년대 초반 투자시장의 화두는 '이머징마켓'과 '원자재'였다. 해외 투자가 본격화되면서, 중국의 고성장을 예상한 투자자들은 중국 시장에 열광했다. 당시에는 '중국 투자는 100년에 한 번 오는 기회'라는 말이 회자되었고, 미래에셋그룹이 내놓은 인사이트펀드는 판

그림 4-12 | 2007~2025년 홍콩 항생지수

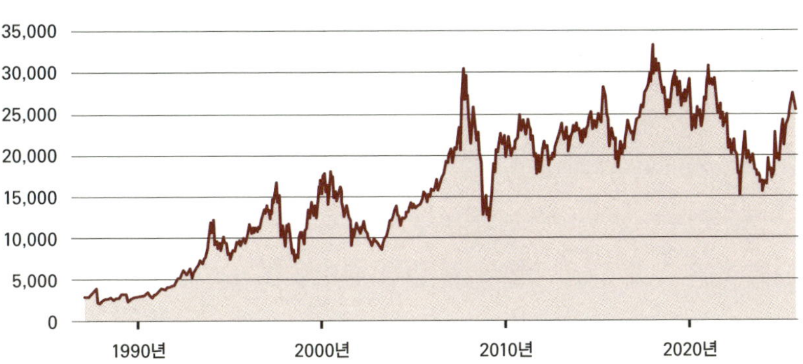

그림 4-13 | 2007~2025년 중국 상하이종합지수

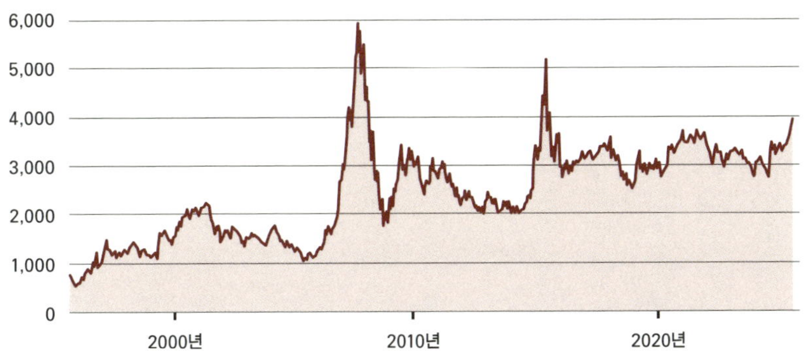

매 측면에서 대성공을 거뒀다.

그러나 2008년 금융위기 직전인 2007년 10월, 중국 증시는 정점을 찍었다. 은행과 증권사를 통한 대규모 펀드 판매가 이루어졌지만, 그 후유증은 지금까지도 끝나지 않았다. 2025년 현재, 2007년의 고점을 여전히 회복하지 못하고 있기 때문이다.

홍콩 항셍지수(HSI)는 2007년 10월 1일 29,794.24포인트였고, 2025년 11월 기준 26,485.95포인트 수준이다. 중국 본토의 상하이종합지수는 상황이 더 심각하다. 2007년 10월 16일 6,092.06포인트였던 지수가 2025년 11월 기준 4,007.76포인트에 머물러 있다. 운용수수료를 연 1%만 적용해도 20% 가까운 비용이 지출된 셈이니, 투자자들의 펀드 수익률이 어떠했는지는 쉽게 짐작할 수 있다. 주가지수에 대한 투자 역시 '언제 투자하느냐'가 얼마나 중요한지를 보여주는 사례다. 지금도 우리 주변에는 '중국 펀드에 투자했다'라고 말을 못하며 속앓이하는 투자자들이 적지 않다.

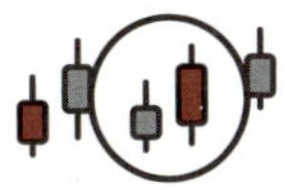

정치 테마주의 유혹과
투자자의 착각

정치 테마주의 원조 이화공영

한국 주식시장의 대표적인 정치 테마주는 단연 이화공영이다. 2008년 글로벌 금융위기 직전, 4대강 관련주로 분류되면서 불과 4개월 만에 주가가 25배 상승했다. 이후에는 이재명 테마주로 거론되기도 했다. 그러나 2024년에는 계속기업 존속 능력의 불확실성을 이유로 감사 의견이 거절되었고, 2025년 4월 1일 기업회생절차를 신청하며 상장폐지 위기에 몰렸다.[17]

이화공영은 회생 절차 개시 공시 이후 2주 만에 유동성이 확보되었다며 법원에 회생 신청을 취하했다. 이어 한국거래소의 상장폐지 심사에 대해서도 이의 신청을 제기하겠다고 밝혔다.[18]

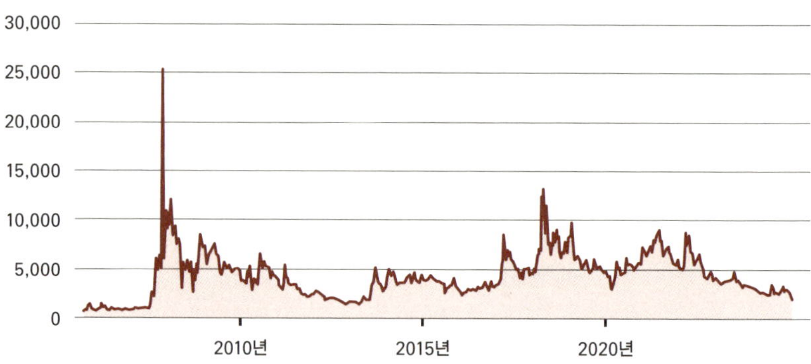

이화공영의 급등은 2007년 8월부터 대선 직전인 12월 초까지의 기간에 집중되어 있었다. 당시 보도자료를 살펴보면, 8~9월에는 관련 기사가 거의 없었고, 10월 이후부터 주가 급등이 본격화되었다. 개인 투자자들은 이미 급등한 주가에 뒤늦게 추종 매수로 참여했을 가능성이 높다. 그러나 대선 직전부터 급락이 시작되었고, 결과적으로 이에 대응하는 것은 쉽지 않았다. 저가 대비 25배 상승이라는 화려한 기록이 남았지만, 실제 투자자들에게는 보기보다 훨씬 더 위험한 게임이었다.

4년 뒤, 2012년 1월 당시 보도에서는 이화공영이 'MB 테마주', '대운하 테마주'로 재조명된다. 이명박 후보가 확정된 2007년 8월부터 12월 7일 최고가를 기록했으며, 17대 대선일은 그로부터 열흘 뒤인 12월 17일이었다.[19] 대선 테마주로 판단해 매입했던 투자자들이 적절한 매도 시점을 찾기는 쉽지 않았을 것이다.

정치 테마주라는 허상

정치 테마주에 관한 분석과 경고는 수도 없이 많다. 그럼에도 투자 철학이 부족한 개인 투자자들은 늘 정치 테마주에 솔깃한다. 이유는 단순하다. 5년마다 대선이 있고, 그때마다 정치 테마주는 반드시 등장하기 때문이다. 안타까운 현실이다.

2007년 12월, 이화공영이 최고가를 찍은 뒤 하락하던 시점에 발표된 한 칼럼을 보면 당시 한국 주식시장의 단면을 엿볼 수 있다. 이명박·이회창·정동영 후보의 지지율에 따라 주가가 움직였고, 시장은 정치 뉴스에 과민하게 반응했다. 지금 돌아보면 단순한 과열로 보이지만, 당시 투자자 입장에서는 그 기사를 보며 매수·매도 판단을 내리기가 쉽지 않았을 것이다.

특히 2005~2006년에 주가지수가 두 배로 상승하면서 대형 우량주 중심의 장세가 이어졌고, 개인 투자자들의 소외감이 컸던 시기였다. 더 큰 문제는 그다음 해인 2008년, 글로벌 금융위기로 주가지수가 다시 반토막이 난다는 점이었다.

2022년 20대 대선 정치 테마주

2022년 대선은 윤석열 후보와 이재명 후보의 박빙 구도였다. 이 시기에도 주식시장에는 수많은 정치 테마주가 등장했다. 부동산·건설 관련주는 물론, 개인적 연관을 억지로 끌어다 붙인 종목들도 많았다.

대선 결과 윤석열 후보가 당선이 확정되자, 시장에서는 정치 테마주들의 주가 변동률을 빠르게 비교했다. 윤석열·이재명·안철수 관련주들이 모두 부각되었으며, 특히 안철수 후보가 대통령직인수위원회 위원장으로 내정되면서 '초대 총리 기대주'로 분류된 종목들도 급등했다. 그 가운데 NE능률은 최대 주주가 윤 대통령과 같은 파평 윤씨라는 이유만으로 테마주로 분류되었다. 정치적 연관의 근거가 빈약함에도 시장은 이야기를 만들었다.

21대 대선의 정치 테마주, 코나아이

21대 대선에서 이재명 대통령이 당선된 이후, 주가지수 5,000포인트 돌파 기대감과 함께 지역화폐 관련주가 새로운 테마로 떠올랐다. 대표 종목은 코나아이였다. 코나아이는 2025년 6월 기준 시가총액이 1조 원을 넘어섰다. 더불어민주당의 공약집에는 '지역화폐 발행에 대한 국가 지원 의무화'가 포함되어 있었고, 시장은 이를 호재로 받아들였다.[20]

2025년 8월 기준으로 코나아이의 1년 최저가는 13,040원, 52주 최고가는 86,000원이며, 현재는 5만 원 안팎에서 거래되고 있다. 같은 기간 쿠콘, 갤럭시아머니트리, 웹케시 등도 높은 상승률을 보였

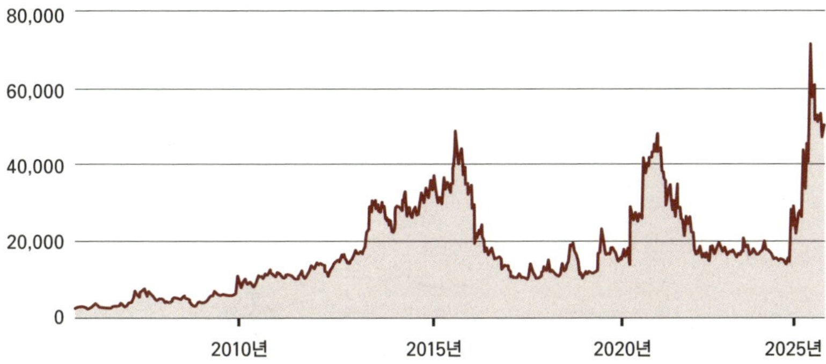

다. 헥토파이낸셜과 카카오페이 역시 지역화폐 테마로 급등했다.

이 밖에 케어랩스는 더불어민주당의 비대면 원격진료 정책과 관련해 테마주로 분류되었다. 다만 지난 10년간의 주가 흐름을 보면 뚜렷한 특징은 보이지 않는다.

한국 주식,
부의 중심에 서다

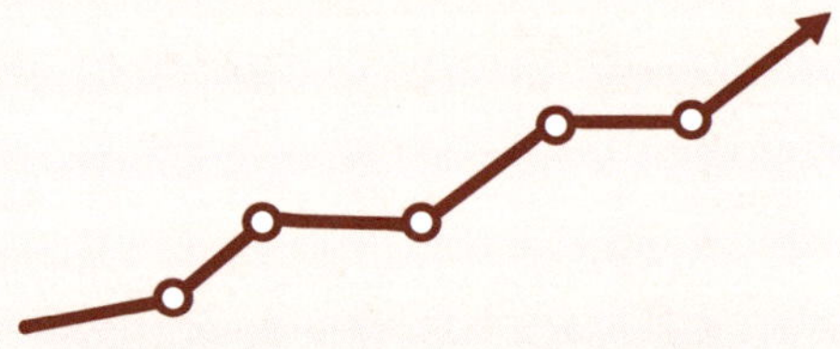

　대한민국 경제는 1950년 전쟁 이후 전 세계에서 가장 안정적으로 발전했다. 이제 한국은 경제 10위권 국가로 성장했다. 누구도 부정할 수 없는 눈부신 성장이다. 그러나 그 성장을 이끈 상장회사의 주주들은 전혀 다른 경험을 했다. 한국의 개인 투자자들은 주식에 투자했지만, 그 경제 성장의 과실에서는 철저히 배제되었다. 한국 주식시장이 소액주주의 가치를 외면했기 때문이다.

　대주주들의 터널링, 일부 큰손들의 주가조작, 낮은 배당 성향, 물적 분할. 주가를 흔드는 온갖 사건들이 시장에 대한 신뢰를 무너뜨렸다. 공정한 투자처라 부르기 어려운 시장이었다. 한국 주식시장에서 오래 버텨온 개인 투자자라면, 기억하고 싶지 않은 경험이 한두 개쯤은 반드시 있을 것이다. 그래서 많은 이들이 주위 사람들에게 한국 주식을 멀리하라고 조언했을 것이다. 실제로 새롭게 시장에 진입하는 사람들 또한 미국 주식이나 암호 자산이 오히려 '공정한 게임'이라고 생각하며 한국 시장을 외면했다.

소액 투자자들은 주주로 인정받지 못했고, 기업 실적의 과실은 대주주에게 돌아갔다. 특히 소형주에서는 각종 장난질로 신뢰가 완전히 붕괴되었다. 2024년에는 '지능이 높은 순서대로 한국 주식시장을 떠난다'라는 말까지 등장했다. 필자에게는 바로 그 지점이 바닥 신호였다. 시장에 대한 신뢰가 극단적으로 무너졌다는 것은, 오히려 새로운 시작을 알리는 지점이기도 했다.

이제 한국 주식시장은 다른 길로 가고 있다. 시장의 신뢰 기반이 다시 구축되기 시작했고, 소액 투자자들도 주주로 인정받는 흐름이 나타나고 있다. 기업의 과실을 함께 나누는 구조가 형성되면서, 그동안 저평가되어 있던 한국 주식시장이 제자리를 찾고 도약할 준비를 갖추고 있다.

이러한 변화는 금융시장 내부에서만 포착되는 것이 아니다. 사회 전반의 인식에도 변화가 나타난다. 강남에 사는 사람은 서울에 산다고 하지 않는다. 판교에 사는 사람은 성남에 산다고 하지 않는다. 일산에 사는 사람은 고양에 산다고 하지 않는다. 보여주기식 가치관이 깊게 스며 있는 사회에서, 한국 주식 투자자들에게 '한국 주식 하느냐'라는 질문은 곧 자신의 수준을 드러내는 질문이었다. 과거라면 '포트폴리오에 조금 담고 있어', '주력은 아니지'라며 말을 흐렸을 것이다.

그러나 이제는 달라졌다. '당연하지. 나는 한국 주식 위주로 투자해'라고 말할 수 있는 시대가 열리고 있다. 그리고 그 대답에 부럽다는 반응이 돌아오는 시대가 시작되고 있다. 한국 주식은 더 이상 외면의 대상이 아니라, 참여하지 않으면 오히려 뒤처지는 자산이 되고 있다.

주식은 이제 부동산을 대체할 자산이다. 한국 주식은 미국 주식을 대체할 투자처다. 이는 단순한 전망이 아니라, 자산의 주도권이 이동하고 있다는 뜻이다. 최근의 자산 가격 상승은 특정 자산만의 문제가 아니라, 화폐의 가치가 하락하는 시대적 흐름 속에서 나타나는 현상이다. 과거에는 정부와 은행이 유동성을 통제했지만, 이제는 금융 상품, 글로벌 기업, 심지어 개인들까지 유동성을 공급하는 주체가 되었다. 스테이블코인 시장의 폭발적 성장은 그 대표적 신호다.

유동성의 확대는 결국 화폐가치의 하락을 의미한다. 화폐가치가 하락하는 시대에, 그 하락을 방어할 수 있는 자산은 주식뿐이다. 주식은 단순히 가격이 오르는 자산이 아니라, 이익과 자본 확장을 통해 화폐가치 하락을 흡수하는 자산이다.

내 삶이 먼저다. 투자는 그다음이다. 삶은 내가 주인공이지만, 투자에서는 내가 주인공이 될 수 없다. 공부와 고민, 그리고 행동이 필요하다. 투자의 성과는 결국 무엇에 투자하느냐, 어떤 자산 구성을 하느냐에 따라 결정된다. 지난 50년은 부동산의 시대였고, 지난 10년은 암호 자산의 시대였다. 그리고 이제 한국 주식의 시대가 시작되고 있다.

그렇다면 개인 투자자는 어떻게 해야 하는가? 평상시에는 저축을 주식으로 하고, 기회가 오면 레버리지를 활용하자. 언론이 '지금이 투자할 때'라고 말하기 시작하면, 이미 시장은 방향을 잡은 상태다. 준비된 자만이 그 파도를 타고 부를 축적할 수 있다.

부동산은 더 이상 온 국민을 투자자로 만들 수 없다. 돈이 있더라도, 가격이 오르더라도, 진입할 수 있는 사람은 제한적이다. 부동산은 이미 가진 사람을 더 부자로 만드는 자산일 뿐이다.

주식은 다르다. 주식은 모두에게 문이 열려 있다. 주식은 우리 국민 모두를 부자로 만들 수 있는 유일한 자산이다. 이제 그 문을 열고 들어가 자산을 형성하는 첫 발을 내디뎌야 한다. 그리고 기다려야 한다. 지금 우리가 해야 할 일은 명확하다. 내 자산에서 한국 주식의 비중을 높이는 것이다.

참고 문헌 및 출처

[서문] 모두 부자가 될 수 있는, 한국 주식에 올라탈 때가 되다

1   아시아타임스, 〈[증권소식] 김병환, 이복현 돌출 행보에 '제 리더십 부족'/코
스피 200 PBR, 신흥국보다도 낮아/…〉, 2025.05.08

PART 1. 부의 대이동, 한국 주식 깨어나다

1   블룸버그, 〈모닝스타, 한국 주식이 10년 동안 이머징마켓의 최선의 배팅이다
〉, 2025.07.08

2   뉴데일리경제, 〈작년 주식 보유자 소폭 줄어 1416만명…삼성전자 주주
18%↓〉, 2024.03.14

3   더퍼블릭, 〈몰라서 투자 못한다? 퇴직연금, DB형 선택이유 알고 봤더니…'적
립금 자체를 안정적 자산으로 인식'〉, 2025.07.19

4   한국일보, 〈기재부 "국내 주식 밸류 여전히 낮고, 외국인 자금 유입 여력 충
분"〉, 2025.10.28

5   조선일보, 〈S&P500 선행 PER, 40년 평균치보다 40% 웃돌아〉, 2025.07.22

6   뉴스웰, 〈상상초월 PER 592배, 뛰는 테슬라 위에 나는 팔란티어?〉,
2025.05.07

7   경향신문, 〈'코스피200' PBR 0.8배…'신흥국 평균에도 못 미쳐'〉, 2025.05.07

8   http://data.krx.co.kr/contents/MDC/MDI/mdiLoader/index.
cmd?menuId=MDC0201020502

9   서울신문, 〈정부, 삼성합병 관련 '메이슨 ISDS 판정' 취소소송 항소 포기…
860억 배상해야〉, 2025.04.18

PART 2. 한국 주식 투자 실행 전략

1   충청타임즈, 〈알테오젠 기술특례 상장후 시총 17조5000억 폭증〉, 2025.05.28

2   서울경제, 〈알테오젠 코스피 이전, 방향성 '공감' 시점은 '고민'〉, 2025.07.27

3   잡포스트, 〈레인보우로보틱스 주가 27만원대 유지, 외국인 지분 7.67〉, 2025.05.21

4   잡포스트, 〈레인보우로보틱스 주가 27만원대 유지, 외국인 지분 7.67〉, 2025.05.21

5   뉴스핌, 〈올리패스, ACC2 안티센스 올리고핵산 미국특허 취득〉, 2023.06.13

6   https://konex.krx.co.kr/board/OPN03010000T4/bbs#view=1648

7   https://www.index.go.kr/unity/potal/main/EachDtlPageDetail.do?idx_cd=1086&utm_source=chatgpt.com

8   매일경제, 〈외국인 18년간 年평균 수익률 30%〉, 2009.08.02

9   파이낸셜뉴스, 〈외국인 매수 '톱10' 수익률 103%… 미성년자 개미도 웃었다〉, 2023.10.02

10   매일경제, 〈삼성전자 3분기 영업이익 12조1661억 원…작년 대비 32.5% ↑〉, 2025.10.08

11   한국경제, 〈2분기에도 'D램 1위' 찍은 SK하이닉스…HBM 지배력이 좌우〉, 2025.09.05

12   한국경제, 〈전국에 'AI 고속도로' 간다…정부 AI에 5년간 16조원 넘게 투자〉, 2025.06.19

13   매일경제, 〈엔비디아 GPU 26만장 'AI 한국' 업그레이드…젠슨황 '한국에 우선공급'〉, 2025.10.31

14 이데일리, 〈LS일렉트릭, 美 신재생발전소에 변압기 공급…1382억 규모〉,
2025.07.08

15 한국경제, 〈LS그룹, AI·데이터센터 전력망 사업에 통합 솔루션 제공〉,
2025.08.07

16 한국경제, 〈LS ELECTRIC, 글로벌 데이터센터·에너지전환 프로젝트 잇단 수
주로 주가 모멘텀 강화〉, 2025.10.23

17 한국경제, 〈삼성전자, 레인보우로보틱스 최대주주 지위 확보…미래로봇 개발
가속화〉, 2024.12.31

18 연합인포맥스, 〈KB증권 '현대건설·두산에너빌리티, SMR 공급망 핵심' 최선
호주〉, 2025.03.24

19 매일경제, 〈"아모레퍼시픽, 이제 내려오시죠"…'시총 8조' 에이피알 K뷰티 대
장주 등극〉, 2025.08.06

20 머니투데이, 〈K뷰티 신화쓰는 '에이피알' 역대 실적 또 갈아치웠다〉,
2025.08.06

PART 3. 고질적 악재가 풀리기 시작한 한국 주식시장

1 매일경제(스타투데이), 〈'사기적 부정거래 의혹' 방시혁 "조속히 귀국, 조사 임
할 것"〉, 2025.08.06

2 더벨, 〈'자산 절반이 현금' 태광산업, 오너 부재 여파 컸다〉, 2025.05.09

3 조선비즈, 〈이재용 '삼성물산·제일모직 합병' 무죄 확정〉, 2025.07.17

4 딜사이트, 〈파마리서치, '중복상장' 반발에 인적 분할 발목〉, 2025.07.11

5 이데일리, 〈파마리서치, 인적 분할 철회로 불확실성 해소…목표가↑-삼성〉,

2025.07.21

6　동아일보, 〈이재명 "우량주 새끼가 내 새끼 아냐…물적 분할 재상장 막는게 상법개정안"〉, 2025.05.22

7　뉴스웍스, 〈미공개 정보 이용 금융사 '패가망신' 예고…권대영 "일벌백계 엄벌"〉, 2025.07.30

8　매일경제, 〈코스피 5000 노리는 정부 '3대 개혁' 시동〉, 2025.08.07

9　매일경제, 〈주가 상승률 글로벌 1위 찍은 '이재명 랠리'…日아베노믹스 닮았다는데〉, 2025.07.06

10　조선일보, 〈北 인민회의 의장 "美·韓, 한반도에서 핵전쟁 준비" 주장〉, 2025.07.31

11　코리아리포트, 〈해외동포, 한미정상회담에 '한반도 민족 전쟁 막아야'〉, 2025.08.15

12　아시아투데이, 〈아베 총리, 트럼프 대통령 노벨평화상 추천 '북미대화 긴장 완화'〉, 2019.02.16

13　경향신문, 〈민주 박선원, 트럼프 노벨평화상 후보로 추천…'지도부에도 언질'〉, 2025.02.03

14　The Washington Post, 〈South Korea's likely next leader wants warmer ties with China, North Korea〉, 2025.02.14

15　한국경제, 〈노벨평화상 불발 트럼프에 마차도 거듭 감사…세계평화 위해〉, 2025.10.12

16　경향신문, 〈노벨평화상 불발 트럼프 '그래도 수백만 생명 구해 행복'〉, 2025.10.11

17　Reuters, 〈US stock index futures tick up ahead of consumer sentiment data〉, 2025.10.10

18 이데일리, 〈부동산 싹쓸이에 주식까지…차이나머니의 한국 습격〉, 2025.08.10

19 세계일보, 〈서울 집합건물 구입 41% '생애 첫 집'〉, 2025.06.04

20 동아일보, 〈자산 대부분 부동산에 묶인 韓 영올드… 선진국선 투자·소비 활발〉, 2025.04.22

21 대한민국정책브리핑, 〈100세 인생, 부동산 집중 가계자산 구조, 이대로 괜찮을까?〉, 2025.05.27

22 국제신문, 〈부동산 묶인 가계자산 77%…내수 발목 잡나〉, 2025.04.23

23 시사저널, 〈과잉 공급→미분양→부채 악순환…지방 소멸 위기에 건설산업도 '흔들'〉, 2025.07.12

24 이투데이, 〈'국채' 대량 수요처… 국가 전략자산으로 뜬다[스테이블코인이 바꿀 세상 上] ①〉, 2025.07.28

25 글로벌이코노믹, 〈뉴욕증시 비트코인 유동성 폭발 '트럼프 OBBBA법 충격'〉, 2025.07.09

26 천지일보, 〈새 정부, 첫 세법 개정서 '尹 부자 감세' 없앤다〉, 2025.07.20

PART 4. 반복된 역사에서 배우는 투자 교훈

1 더벨, 〈수젠텍, 코로나19 진단키트 美 승인 놓고 '설왕설래'〉, 2020.09.09

2 더벨, 〈[미술품 NFT 명암] '콧대높은' 글로벌 경매사도 뛰어들었다〉, 2021.06.25

3 파이낸셜뉴스, 〈서울옥션 관계사, 업비트 NFT와 협력…'실물연계 미술품 NFT 발행'〉, 2025.02.20

4   데일리팝, 〈2021년 증시 달군 테마는 'NFT'·'블록체인'·'메타버스'〉,
2021.12.28

5   머니S, 〈신풍제약 '피라맥스', 코로나19 치료 세포실험 중〉, 2020.03.27

6   더벨, 〈신풍제약, 절묘한 자사주 처분…효율성 vs 부적절 논란〉, 2020.09.23

7   이데일리, 〈'실패한 약, 멈추지 않는 거짓'…신풍제약 기망보고서②〉,
2025.08.12

8   머니투데이, 〈'응답하라 1994' 당시 시가총액 1위는?〉, 2013.11.20

9   한겨레 아카이브, 〈현대·삼성·대우·기아의 역사를 바꾼 1997년〉, 2020.07.07

10   연합뉴스, 〈한보철강 부도 청와대 개입 논란〉, 1997.04.29

11   경향신문, 〈시가 상위20곳 외국인비중 절반〉, 2003.12.24

12   연합인포맥스, 〈하나금융 태산LCD관련 포지션 7천800억원〉, 2009.04.24

13   파이낸셜뉴스, 〈[크리에이티브 디지털 스토리] (38) 태산LCD〉, 2010.02.03

14   아시아경제, 〈금융위기 이후 시가총액 '톱10' 절반 물갈이〉, 2014.09.17

15   경향신문, 〈하이닉스, 21대1로 균등 감자〉, 2003.02.25

16   중앙선데이, 〈새롬기술, 반년 새 150배 폭등 후 거품 빠져 급락 '원위치'〉,
2023.08.19

17   서울경제, 〈99.99%가 소액주주…'원조 정치 테마주' 이화공영 기업회생·상
폐 예고〉, 2025.04.03

18   연합인포맥스, 〈중견건설사 이화공영 '유동성 확보돼 법원 회생신청 취소'〉,
2025.04.21

19   경향신문, 〈'MB 테마주' 이화공영 2620원 → 6만7400원 → 2925원〉,
2012.01.05

20   세계비즈, 〈[이재명표 지역화폐] 코스닥 시장 불기둥…대장주 코나아이 시
총 1조원 넘겨〉, 2025.06.11

그림 및 도식 출처

PART 1. 부의 대이동, 한국 주식 깨어나다

PART 2. 한국 주식 투자 실행 전략

그림 2-7 https://www.index.go.kr/enara

그림 2-8 https://www.krx.co.kr/

그림 2-9 https://finance.naver.com/

그림 2-10 https://finance.naver.com/

그림 2-11 https://finance.naver.com/

그림 2-12 https://finance.naver.com/

그림 2-13 https://finance.naver.com/

그림 2-14 https://finance.naver.com/

그림 2-15 https://finance.naver.com/

그림 2-16 https://finance.naver.com/

그림 2-17 https://finance.naver.com/

그림 2-18 https://finance.naver.com/

그림 2-19 https://www.yna.co.kr/view/AKR20190603083900003

그림 2-20 https://finance.naver.com/

그림 2-21 https://finance.naver.com/

그림 2-22 https://finance.naver.com/

그림 2-23 https://finance.naver.com/

그림 2-24 https://finance.naver.com/

그림 2-25 https://finance.naver.com/

그림 2-26 https://finance.naver.com/

그림 2-27 https://finance.naver.com/

그림 2-28 https://finance.naver.com/

그림 2-29 https://finance.naver.com/

그림 2-30 https://finance.naver.com/

PART 3. 고질적 악재가 풀리기 시작한 한국 주식시장

PART 4. 반복된 역사에서 배우는 투자 교훈

그림 4-1   https://www.google.com/finance

그림 4-2   https://www.google.com/finance

그림 4-3   https://www.google.com/finance

그림 4-4   https://www.google.com/finance

그림 4-5   https://www.google.com/finance

그림 4-6   https://www.google.com/finance

그림 4-7   https://www.google.com/finance

그림 4-8   https://www.google.com/finance

그림 4-9   https://www.google.com/finance

그림 4-10 https://www.joongang.co.kr/article/25185760

그림 4-11 https://www.google.com/finance

그림 4-12 https://www.google.com/finance

그림 4-13 https://www.google.com/finance

그림 4-14 https://www.google.com/finance

그림 4-15 https://www.google.com/finance

표 4-1   https://www.dailypop.kr/news/articleView.html?idxno=56835

표 4-2   https://www.dailypop.kr/news/articleView.html?idxno=56835

한국 주식 슈퍼사이클

초판 1쇄 2025년 11월 30일

지은이 | 신동국
펴낸이 | 허연
편집장 | 유승현

책임편집 | 고병찬
편집부 | 정혜재 김민보 이예슬 장현송
마케팅 | 한동우 박소라
경영지원 | 김정희 오나리
본문 디자인 | 엔드디자인
표지 디자인 | 김보현

펴낸곳 | 매경출판㈜
등 록 | 2003년 4월 24일(No. 2-3759)
주 소 | (04557) 서울시 중구 충무로 2(필동1가) 매일경제 별관 2층 매경출판㈜
홈페이지 | mkbook.mk.co.kr
페이스북 | @maekyungpublishing   인스타그램 | @mkpublishing
전 화 | 02)2000-2610(기획편집) 02)2000-2645(마케팅) 02)2000-2606(구입 문의)
팩 스 | 02)2000-2609   이메일 | publish@mkpublish.co.kr
인쇄 · 제본 | ㈜M-print 031)8071-0961
ISBN | 979-11-6484-832-4 (03320)